우주를 짓다

우주(宇宙)를 짓다

건축가와 건축주가 함께 쌓아올린 삶과 공간의 드라마

윤주연 지음

헤이북스

일러두기

- 책에 중심 사례로 다룬 집 '집宇집宙'는 저자가 건축사사무소 적정건축 운영 중 2020년 12월부터 2021년 9월까지 설계하고 2022년 2월 착공하여 2022년 11월 준공한 지상 2층의 단독주택이다.
- 건축가, 건축사, 소장은 서로 구분되는 개념이지만 한 명이 동시에 역할을 맡는 경우도 드물지 않다. 이 책에서는 맥락과 역할에 따라 현장에서 주로 사용하는 호칭을 적용했다.
- 책 속 사진은 건축 전문 사진가 이원석 작가가 촬영한 준공 사진을 중심으로 수록하였고, 필요에 따라 건축가, 건축주, 시공사 등에서 촬영한 사진도 일부 제공받아 넣었다.

프롤로그

집, 너와 나의 가장 작은 우주
미지의 우주에서 길을 찾는 건축가

집이란 몸과 마음을 온전히 쉬고 살아갈 기운을 다시 얻는 곳이다. 자신에게 맞는 편한 공간을 만나면 '집 같다', '고향 같다', 혹은 '제2의 고향 같다'는 표현을 자연스럽게 쓰지 않는가. 우리에게 집은 그런 의미다. 나를 쉬게 하고, 나를 다시 살게 하는 곳.

시간을 거슬러 올라가면 집의 기원은 '동굴'이다. 비바람과 맹수에게서 나와 가족을 보호하고, 아이를 품어 기르며, 긴장을 잠시 풀 수 있는 피난처. 현대의 집도 크게 다르지 않다. 퇴근 후 씻고 밥 먹고 소파에 누워 뒹굴거리며 아무 걱정 없이 무장 해제되는 곳. 이보다 더 본질적인 집의 기능이 있을까.

예술도 동굴에서 시작되었다. 고대인이 동굴 안에 머물며 불을 피우고 벽화를 그리며 예술이 싹텄다. 오래 머무는 공간을 아름답게 꾸미고 싶은 마음은 인간의 본성이다. 요즘 '분위기 좋은 카페'나 '홈스

타일링'에 열광하는 세태도 결국 같은 맥락이 아닐까 생각한다. 집은 단순히 잠자고 씻는 공간이 아니다. 삶과 취향이 덕지덕지 묻어 있는 가장 개인적인 세계다. 그래서 나는 집을 '거대한 취향의 집성체' 혹은 '취향으로 지어진 움막'이라 부르고 싶다. 집은 모든 사람에게 필요한 필수재이면서도, 전적으로 나다운 장소이기 때문이다.

건축을 업으로 삼아 20년 넘게 실무를 해 왔고, 지금은 대학에서 설계를 가르치고 있다. 하지만 나 역시 처음부터 집에 대해 이런 생각을 갖진 않았다. 실제로 집을 그려 보기 전까지는 건축이라는 일을 꽤 추상적인 세계로만 여겼다. 한때는 큰 건축사무소에서 리조트, 병원, 사무 공간, 도서관, 백화점 같은 대형 프로젝트를 맡았고, 스스로 '건축가로서 엘리트 코스를 밟고 있구나' 하는 자부심도 느꼈다. 더 큰 꿈을 꾸며 공부를 위해 네덜란드에 머물기도 했다. 그러던 어느 날 한국에 있는 지인의 연락을 받았다.

"집 좀 지어줘."

당황했다. '집을? 내가? 내가 어떻게 해?' 이미 설계 경력 10년차였지만, 단독주택은 직접 해 본 적이 없었기 때문이다. 몸담았던 대형 건축사무소에서는 아파트 중심으로 주거 프로젝트를 담당하는 전담팀이 있고, 단독주택은 기업 회장님 같은 특수한 사례만 진행했는데 나는 그 팀 소속도 아니었다.

아마도 부탁한 지인은 잘 아는 사람이니 내게 맡기면 '알아서, 싸게, 잘' 해 줄 거라 믿었나 보다. 아니지 따로 어디 물어볼 사람도 없었을 테다. 그 일은 결국에는 내가 맡아야 할 일로 보였다. 그땐 '리조트도 해 봤고, 기숙사도 해 봤는데 뭐 어렵겠어' 하는 마음이었다. 마침 대학원 졸업 프로젝트 주제가 '주거는 삶을 닮고 시대를 반영한다 Housing Contemporary Forms of Life'였던 만큼, 언젠가 현실에서 그런 집을 구현해 보고 싶다는 마음도 있었다. 게다가 르코르뷔지에나 미스 반 데어 로에 같은 건축계의 거장들도 단독주택부터 중요한 작업을 시작했으니 나도 그런 시작을 할 수 있을 거라, 아주 살짝 기대했었다.

그렇게 시작한 단독주택 첫 집을 만드는 과정, 그리고 그 집에서 지인 가족이 살아가는 모습을 지켜보며 내 생각이 송두리째 바뀌었다. 그 집은 단지 도면으로 만들어진 구조물이 아니었다. 누군가의 삶이 담기고, 시간이 쌓이고, 관계가 회복되고, 건강이 돌아오는 작고 조용한 기적의 그릇이었다.

건축가가 가족이나 친구의 집을 설계하면 큰일 난다는 말이 있다. 나 역시 그랬다. 그 이후 삶의 방향이 바뀌었다. 암스테르담과 북경의 크고 유명한 건축사무소에서 일하던 나는 한국에 돌아오기로 결심했다. 그리고 작은 무명의 사무실을 열었다. 주로 단독주택을 설계했다. '100제곱미터 하우스'라는 이름으로 블로그를 시작하여 첫 집 이야기를 기록했고, 곧 사무실 이름도 '적정건축'이라 지었다.

100제곱미터, 흔히 말하는 30평대의 집은 전통 가족 구성인 네 명이 살기 알맞은 크기이고, 요즘 늘고 있는 가족 구성인 둘, 혹은 혼자 살아도 충분한 공간이다. 우리 사회에서 '기본적인 삶의 크기'로 여겨지면서도, 그 안에 각자의 생활 패턴이 고스란히 담길 수 있는 취향의 움막들을 한 백 개쯤 만들면 르코르뷔지에의 빌라 사보아나 미스 반 데어 로에의 판스워스 하우스 같은 건축사에 길이 남을 집 하나 만드는 일 못지않게 의미 있으리라 생각하였다.

몸과 마음을 온전히 쉬고 살아갈 기운을 다시 얻어 나답게 살 수 있는 집. 누구나 원하지만 집을 '주택'이나 '건축'이라고 부르면 생각이 달라지나 보다. 내가 집을 설계하는 건축가라고 하면 사람들은 이렇게 말한다.

"나중에 돈 많이 모아서 꼭 부탁할게요!"

이 말 속에는 집이 마치 대단히 많은 돈이 있어야만 가능한 일이나 먼 미래를 위해 하는 일처럼 들린다. 여전히 사람들은 집을 짓는다고 하면 "부자 되셨네요"라며 웃는다. 집이 어느새 '살 곳'이 아니라 '살 사람만 사는 곳'이 되어 버린 시대다. 물론 집값은 말 그대로 천차만별이지만, 내가 만난 건축주 대부분은 재테크나 미래를 위한 투자가 아니라 현재의 삶을 누리려 집을 짓는다. 자라는 아이들과 함께할 공간과 시간을 생각하며 집을 짓는 사람도 있고, 삶의 터전을 바꿔 직업과 생활을 완전히 전환한 사람도 있었다. 어떤 이는 오래된 고향 집을 고쳤고, 또 다른 이는 혼자 계신 부모님을 모시기 위해 새집을 지었다. 시작은 달랐지만 결론은 하나였다.

"지금 내가 살고 싶은 집을 만들고 싶다."

그래서 책을 쓰기 시작했다. 이 책은 건축 지식을 나열한 백과사전도, 멋진 사진만 가득한 작품집도 아니다. 마치 드라마 한 편이 한 사람 인생을 그려내듯 책 한 권에 집 한 채가 태어나는 과정을 담았다. 건축주가 건축가를 처음 만나는 장면에서 시작해 끊임없이 크고 작은 결정을 하고 마침내 입주하는 그날까지 이어지는 여정이다.

그 안에는 설계 도면과 건축 각론뿐 아니라 사람들의 소망과 갈등, 선택과 후회, 그리고 웃음이 함께 담겨 있다. 중학생도 읽을 수 있는 글, 할머니도 이해할 수 있는 이야기이길 바랐다. 건축은 결국 삶의 이야기이기 때문이다.

건축을 전공한 학생이나 집에 관심 있는 독자들을 위해 배치 계획, 조닝, 평면과 단면 등 건축설계의 방법론적 흐름을 따라 이야기를 풀어냈다. 하지만 무엇보다 강조하는 것은 '결정의 과정'이다. 상충하는 요소들 사이에서 갈등을 조율하고, 모순을 풀어 가는 방식. 설계 스튜디오에서 원하는 것과 해야 할 것을 저울질하며 설계안을 발전시켜 나가는 과정 자체를 보여 주고자 했다.

지향하는 건축이 그러하듯 글 역시 적절한 형식을 갖추길 바랐다. 건축가가 쓴 글 중에는 어렵고 무게 잡힌 글도 많지만 이 책은 달랐으면 했다. 건축에 관심이 없는 이에게도 흥미롭게 읽혀, 결국엔 사람 사는 이야기로 마음에 닿기를 원했기 때문이다.

드라마의 주연으로 그동안 설계한 많은 집 중 '집 宇 집 宙(이하 우주)'라는 이름의 집을 골랐다. 가장 다양하고 풍성한 이야기로 쌓아 올린 집이다. 땅에 박혀 있던 돌 하나를 위해 집 전체 구조를 바꿨고, 반려동물의 생활이 공간 디테일을 완성했으며, 삶의 전환기를 맞은 건축주 부부의 고민이 디자인의 방향을 이끌었다. 단독주택이라는 한정된 공간 안에 얼마나 다양한 사연과 취향이 담길 수 있는지 이 집을 통해 보여 주고 싶었다.

그러나 '우주'만으로는 전하고자 하는 이야기를 다 하기 어려워 앞서 지은 '온당'과 '평담재'를 비중 있는 조연으로 함께 담았다. 4인 가족을 위한 집 온당은 흔히 말하는 땅콩 집, 즉 듀플렉스다. 셋집과 주인집의 관계, 성장기 아이가 있는 가족의 삶을 생각하며 집을 설계하고 지었다. 평담재는 은퇴를 앞두고 노년의 삶을 준비하는 50~60대 부부를 위해 지은 집이다. 관리가 부담스럽지 않은 크기와 건강을 고려한 1층 위주의 구성, 독립한 자녀와 손님 방문을 고려해 서재를 별채처럼 설계, 다이닝룸을 집의 중심으로 배치했다.

사람들이 집을 짓기로 마음먹는 대표적인 시기는 아이를 낳아서 기를 때, 성장한 자녀가 집을 떠나고 부부만의 인생 2막이 시작될 때다. 이런 생애주기와 상황에 맞는 이야기를 담으려 했다. 생애주기(라이프 사이클)에 따라 필요한 집의 구성과 고려할 점이 다르기 때문이다. 우주와 건축주 부부는 독특한 부분이 많아 주인공이 되었지만 더 많은 독자가 공감하는 쪽은 조연일지 모르겠다. 재밌는 드라마에서 선망과 대리만족의 대상은 주연이지만 내 모습을 투영하고 공감하는 존재는 조연 중에서 발견할 때가 있다.

우주의 이야기를 읽다 보면 '나는 저렇게는 안 할 텐데' 싶은 장면도 있을 테다. 반가운 반응이다. '나는 이런 집을 원한다'는 자기 취향은 타인의 선택을 보며 더 뚜렷해지기도 한다. 이 책이 그런 대화를 위한 매개였으면 한다. '우주'의 건축주는 새집을 위한 열 한 개의 소원을 품고 있었으나 그게 아니어도 괜찮다. 당신에게는 세 개의 확고한 바람이 있을 수도 있고, 백오십 개의 디테일한 체크리스트가 존재할 수도 있다. 그건 전적으로 당신의 이야기다. 요즘은 자동차도 승차감보다 하차감을 중요시하는 시대라지만, 집만큼은 남보다 나를 위한 공간이었으면 좋겠다. 부동산 시세보다 중요한 건, 집 안에서 어떤 삶을 살고 싶은가 하는 질문 아닐까.

이 책을 통해 모두 '나만의 움막'을 상상해 보길 바란다. 때론 웃음 짓고 때론 고개를 갸웃하며 '이건 좀 아닌데?' 하면서도 결국엔 '나도 이렇게 살아 보고 싶다'고 느끼는 그런 이야기가 되었으면 한다.

알아두면 좋은 기본 개념
건축가, 건축사, 시공사, 그리고 건축주

어떤 사람들은 건축가를 순수한 예술가로 생각한다. 땅만 보면 심상이 떠올라 스케치 한 장 휘릭 그리는 역할로 여긴다. 또 건축사를 건축 행정 도우미 정도로 아는 사람도 있는 것 같다. 옥상에 불법 증축한 건물을 양성화해 주는 사람 정도로 생각한다.

건축가가 하는 일의 영역과 성격은 넓고 다양하다. 텅 빈 공간의 아름다움을 말하며 멋진 스케치를 하는 예술적 상상력, 사람과 공간을 설명하는 인문학적 소양도 건축가의 일부다. 한 땀 한 땀 도면을 그리고 모형 만들기, 현장에서 안전모 쓰고 여기저기 다니면서 설명하고 협의하기, 관청에 들어가서 행정 절차 처리하기, 건축주에게 브리핑하기 등이 모두 건축가의 일이다.

나는 건축가다. 대학에서 건축설계와 건축학 이론을

가르치고 있고 건축사 사무소도 운영했었다. 앞의 문장을 보고 '건축가'와 '건축사' 둘이 뭐가 다른가 생각할 수도 있다. 건축가에게 설계를 맡기면서 시공도 같이 하는 줄 알고 반대로 시공사를 찾아가서 설계도 포함이라 생각하는 사람도 있다. 책에는 건축가, 건축사, 시공사 등의 용어가 계속 등장하는데 이해를 돕기 위해 미리 간단히 설명하려 한다.

건축사와 건축가

건축사가 되려면 한국건축학교육인증원(KAAB) 인증을 받은 5년제 대학 과정을 이수하거나, 4년제 대학 졸업 후 인증 대학원을 마쳐야 한다. 학교를 졸업하고도 건축사 사무소에서 3년의 실무 수련을 거쳐 자격을 갖춰야 건축사 시험에 응시할 수 있고, 시험에 통과하면 국토부 장관이 발급하는 '대한민국 건축사'라는 자격을 획득하여 법적인 책임을 지는 건축사 활동을 할 수 있다.

반면, 건축가建築家는 작가로서의 의미를 지닌 말이다. 한자 '家'에는 집 외에도 '전문가', '정통한 사람'이라는 뜻이 있다. 작가는 창작 활동을 전문으로 하는 사람이라는 뜻이고 건축 작품 활동을 하는 사람을 보통 건축가라고 부른다.

즉, 넓은 의미에서는 건축가와 건축사 동일하게 공간을 기획하고 삶의 방식을 상상하는 창작자 개념이고, 그중 법적으로 자격을 갖춘 전문가로서 건축 인허가와 설계를 책임지는 주체를 '건축사'라고 부른다.

이 책에서는 건축가와 건축사를 혼용하였다. 건축사 사무소의 대표는 소장이라고도 불린다. 의사를 병원의 원장으로 부르듯 그때그때 맥락과 역할에 따라 같은 사람을 다르게 지칭할 수 있으니 명칭 때문에 혼동하지 않으면 좋겠다.

건축사와 시공사

건축사는 설계를 맡아 책임진다. 건물의 모양과 구조, 공간의 흐름과 분위기를 구상하고 도면으로 그리는 역할을 한다. 시공사는 집을 짓는 주체로, 공정과 자재, 인력과 예산을 관리하며 건축사가 그린 도면을 실제 땅 위에 현실로 구현하는 역할을 한다.

건축사建築士의 '사士'는 특정 분야의 기술, 기능, 자격을 갖춘 전문가를 뜻하고, 시공사施工社의 '사社'는 회사를 뜻한다. 설계는 혼자 할 수 있지만 공사에는 많은 인원과 조직이 필요하다. 건축사는 주로 이상과 가능성, 사용자 경험을 고민하고, 시공사는 예산과 물성, 기술적 실현 가능성을 중심으로 움직인다. 둘은 서로 다른 전문성을 가진 파트너다. 건물을 잘 지으려면 둘이 명확하게 역할을 나누어 충분히 소통하고 협력하는 관계 구축이 중요하다.

건축주

건축주는 집 짓기라는 프로젝트의 시작이자 마무리를 맡고, 그 공간에서 실제로 살아갈 건축 행위의 주체다.

건축은 건축주의 요구에서 출발하여 건축사와 시공사의 협업을 통해 건축주의 자본으로 완성되는 복합적 행위다. 건축주建築主의 '주主'는 단순한 주인공이 아니라, 의사결정의 책임과 권한을 가진 '주체'라는 의미를 가진다. 이를테면 결혼식에서 부모님을 '혼주'라 부르며 혼사를 주재하는 사람으로 칭하는 것과 같은 맥락이다.

건축주는 건축사에게 설계를 의뢰하는 사람client인데 이 관계는 상하가 아닌 협력의 관계다. 그러나 '건축주'라는 단어에서 '주'를 '주인'으로 오해하고 건축사나 시공사를 마치 종속된 존재로 대하기도 한다. 이는 잘못된 인식이다. 간혹 건축주를 '건물주'로 부르기도 하지만 두 개념은 명확히 다르다. '건물주'는 건물의 소유자를 뜻하는 부동산 용어고, 건축주는 건축 행위의 당사자를 뜻한다. 따라서 건물주가 모두 건축주는 아니며 건축주가 반드시 건물주가 된다고 할 수도 없다.

차 례

프롤로그
집, 너와 나의 가장 작은 우주
미지의 우주에서 길을 찾는 건축가
5

알아두면 좋은 기본 개념
건축가와 건축사, 시공사, 그리고 건축주
12

1

지극히 개인적인 소망이 집이 되는 과정

설계 도면은 건축가의 연애편지
집에 대한 소망은 모두 다를 수밖에
22

첫 만남에서 읽은 마음
설계의 시작은 의뢰,
연락부터 첫 미팅까지
26

첫 번째 소망:
동쪽의 해, 남향의 햇살,
서향의 경치를 즐기는 집
답은 현장에 있다
32

건축가 활용의 정석
원활한 소통을 돕는
설계 요청 사항 작성법
47

두 번째 소망:
야외와 시선이 연결된 반신욕탕
골칫거리를 집의 고유한
매력으로 만드는 결정
53

**적당히 타협해서는 만들 수 없는
'적정함'**
거대한 건물을 짓는 데
밀리미터 단위를 쓰는 이유
67

세 번째 소망:
발가벗고 다녀도 안전한 집
동선과 구조의 변화로
사람과 공간에 생긴 자유
78

네 번째 소망:
요가와 춤, 명상을 할 수 있는 집
다락, 남는 공간이 아닌
살아 있는 공간 만들기
93

건축비를 아껴 주는 건축가
공간은 물론 예산까지 설계하기
102

건축주를 위한 건축가의 조언1
나에게 맞는 건축가와
땅을 찾는 방법
109

2

더불어 나누는
소망을
실현하는 집

다섯 번째 소망:
**방문하는 친지와 재밌게 보낼 수
있는 집(장기 투숙은 곤란)**
수평적인 영역분리,
수직적인 공간분리의 묘미
116

여섯 번째 소망:
피아노 레슨을 할 수 있는 집
집의 확장과 변신으로
커지는 즐거움
132

일곱 번째 소망:
**남편의 요리 실력을 맘껏
발휘할 수 있는 주방**
요리, 소통, 취향을 모두 담은 공간
144

**여덟 번째 소망:
커피와 차 와인을 다양하게
즐길 수 있는 공간**
집의 표정이자 풍경이 되는 창,
향유의 공간으로 역할 더하기
159

집을 리뷰해 주세요
쌓이는 후기와 경험 속에
다듬어지는 설계
171

건축주를 위한 건축가의 조언2
새집 짓기 전, 지금 집에서
확인할 부분
182

**아홉 번째 소망:
반려묘 반려견과 함께 사는 집**
또 다른 집주인의 등장
185

**열 번째 소망: 많은 책 수납이
깔끔하게 되는 집**
생활과 패턴을 이해해야
해결할 수 있는 수납
199

절대 안 팔고 싶은 집
나에게 맞춤인, 머물고 싶은 공간
211

**번외의 소망1:
차고 사투기**
이상과 현실 사이의 선택
216

**번외의 소망2:
건축가가 만들었지만,
건축가가 만든 것 같지 않은 집**
땅, 건축주 그리고 건축가가 욕망을
조율하는 과정
223

**번외의 소망3:
주택 이름 짓기**
공간 성격을 담는 마지막 설계,
당호 짓기
231

**열한 번째 소망:
건강한 집**
사는 공간, 살아나는 공간
240

건축주를 위한 건축가의 조언3
마법 같은 공간,
다락과 발코니 만들기
257

3
사람이 사는 집을 위해 모인 사람들

현장은 나의 힘
살아 움직이는 현장
264

건축의 삼위일체
건축주, 건축가, 시공사
273

건축주 모르게 집에 숨겨둔 건축가의 마음
개성과 보편성을 한 집에 담기
283

그림에서 집으로
집 짓는 과정과 건축주의 역할
286

사진 찍는 날
진짜 이야기가 시작되는 순간
294

건축주를 위한 건축가의 조언4
처음 집을 짓는 사람에게
필요한 마음가짐
298

에필로그
건축가를 만날 때,
인생 황금기에 선 건축주
300

1

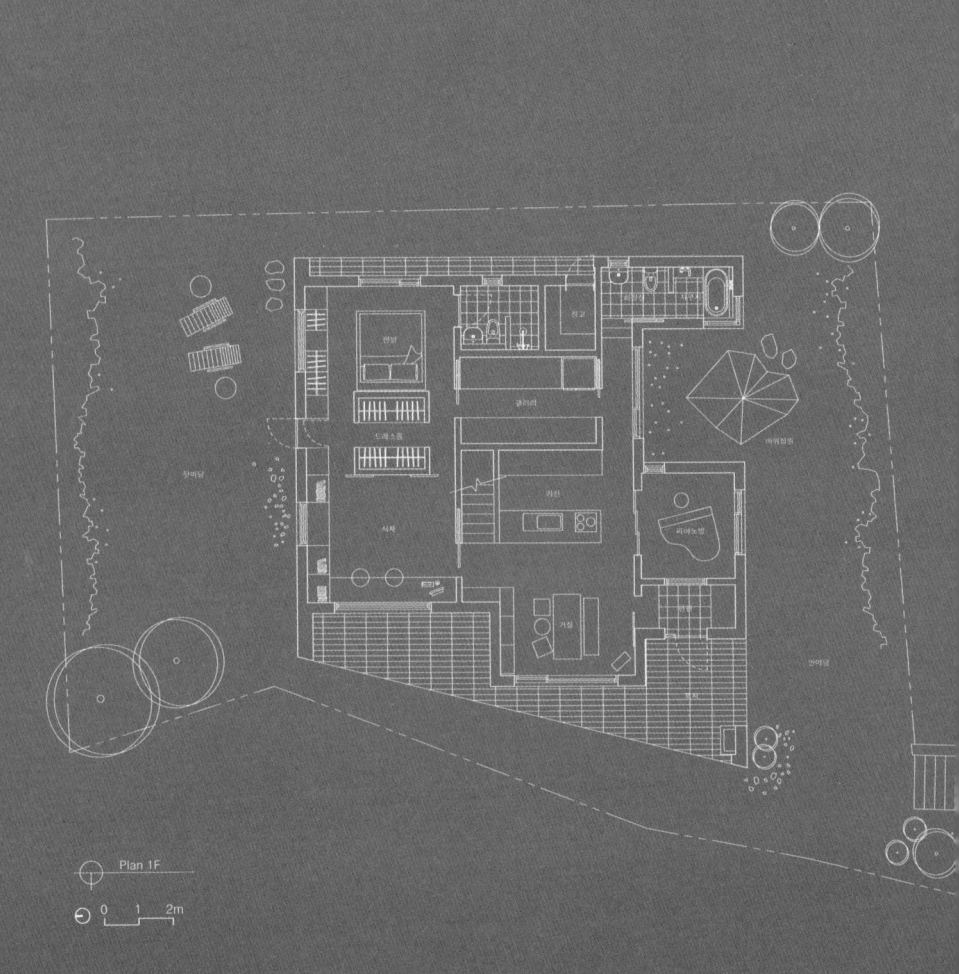

지극히 개인적인 소망이

집이 되는 과정

설계 도면은
건축가의 연애편지
집에 대한 소망은
모두 다를 수밖에

어느 날 우연히 함께했던 건축주의 블로그를 엿보게 되었다. 그리고 나도 글을 쓰기로 마음먹었는데, 바로 이 책의 시작이다. 양평에 한 부부를 위한 주택 '우주'를 지은 지 반년이 지난 겨울이었다. 내 블로그 게시물에 누군가 '좋아요' 버튼을 눌렀다. 그 흔적을 타고 들어가니 우주의 건축주 '민 님' 블로그가 나왔다. 그곳에는 건축가인 나와 만난 이야기부터 설계 초반에 나눈 대화, 그리고 첫 삽을 뜻 순간이 건축주 시선에서 기록되어 있었다. 세상에 이런 기록이 있었다니! 친한 친구의 일기를 훔쳐보는 기분이었다. 하지만 글은 금방 끝났다. 딱 세 편의 글만이 있었다.

짧은 글 중에 시선이 오래 머문 페이지가 있었다. 건축주가 바라는 집의 모습을 적은 열한 가지 소망이었다. 그 내용이 내 눈을 사로잡은 이유는 놀랍게도 하나도 빠짐없이 현실이 되었기 때문이다. 다시 하나하나 보고 있으니 우주라는 집을 만드는 과정이 새삼 떠올랐다. '정말 내가 램프의 지니였던 건 아닐까?' 하는 생각이 절로 들었다. 건축주가 하나씩 꺼내놓은 바람들이 도면 위에 그려지고, 공사 현장에서 형태를 갖춰 가며 하나씩 현실이 되었으니. "매일 아침 일출을 보며 요가와 명상을 하고 싶어요", "집은 작아도 욕실만큼은 호사로운 느낌으로 만들어 주세요" 같은 말들이 마법처럼 이루어졌다.

집을 위한 열한 가지 소망

1. 건강한 집
2. 요가와 춤 명상을 할 수 있는 집
3. 아이들 피아노 레슨을 할 수 있는 집
4. 많은 책의 수납이 깔끔하게 되는 집
5. 남편의 요리 실력을 맘껏 발휘할 수 있는 주방
6. 커피와 차, 와인을 즐길 수 있는 다양한 공간
7. 자주 오는 가족과 친구들이 재밌게 보낼 수 있는 집 (허나 너무 편해서 장기 투숙까지는 곤란, 벌써 동생과 조카가 걱정이 된다)
8. 반려묘, 반려견과 함께 사는 집
9. 야외와 시선이 연결된 반신욕탕(작은 료칸처럼)
10. 동쪽의 해, 남향의 햇살, 서향의 경치까지 즐기는 집
11. 발가벗고 다녀도 안전한 집

이 이야기는 단지 설계 뒷이야기가 아니라 집을 꿈꾸는 사람들과 나누면 좋을 유쾌한 경험이자 기록이기도 하다. 민 님 블로그에서 가져온 아래 열한 가지 소망은 그 설계의 출발점이자 핵심이다. 가만히 들여다보니 글의 순서만 조금 바꾸면, 집의 배치와 콘셉트부터 디테일까지 건축주의 소망이 하나씩 실현되는 과정을 건축가의 시선으로 다시 풀어 쓸 수 있을 것 같았다.

그렇게 나도 함께 지은 집 우주에 대한 글을 쓰기 시작했다. 집 짓기라는 같은 경험을 다른 관점으로 쓴 이야기는 건축주의 일기를 훔쳐본 내 방식의 교환일기이자 편지다. 소설가 김영하는 글쓰기 연습 중 가장 좋은 방법이 연애편지처럼 글쓰기라고 했다. 연애편지는 첫째로 대상과 목적이 분명하고, 둘째 자기가 가진 최대의 능력을 다해 글을 쓰게 만드는 장점이 있다고 말했다. 오직 단 한 명의 대상에게 마음을 얻기 위해, 온갖 미사여구와 적절한 레퍼런스를 총동원해 자신의 감상과 매력을 전하는 연애편지. 이보다 더 사람의 능력을 끌어올리는 방법이 있을까?

그런 의미에서 건축가의 설계 도면은 건축주에게 보내는 연애편지다. 건축주를 생각하는 온 마음과 노력이 도면 안에 여러 두께의 선과 숫자, 글씨로 빼곡히 새겨진다. 도면은 자칫 무미건조한 설명서나 기술적인 서술처럼 보일 수도 있으나, 악보처럼 설계 도면도 일종의 언어다. 언어에는 창조하는 사람의 마음이 담기고 해석할 줄 아는 사람에게는 그 정성과 의미가 전달된다.

나는 건축주 민 님의 글에 대한 화답으로 그 도면을 건축가의 언어이자 일상의 언어로 다시 번역해 보기로 했다. 누구나 볼 수 있는 연애편지로 말이다. 글을 풀어내다 보니 웬걸, 이게 뭐라고 무척이나 재미있었다. 내게 하고자 하는 이야기가 이토록 많았는지 몰랐다. 아니면 애정의 힘인가?

사실 이 연애편지는 우주의 건축주를 향한 것인 동시에 미래의 예비 건축주에게 보내는 편지다. 다른 이의 연애편지를 읽다 보면 내 연애, 연인이 떠오를 수밖에 없다. 나와 취향이 다르다 생각할 수도 있고, 훈수를 두고 싶을 수도 있다. 한 가족의 삶이 담기는 집 짓기 과정을 엿보며 내 가족의 삶은 어떤 집에 담으면 좋을지 생각해 보기를 바란다.

첫 만남에서 읽은 마음
설계의 시작은 의뢰,
연락부터 첫 미팅까지

사무실 출근 시간인 9시 30분에 맞춰 한창 준비를 하고 있던 월요일 아침이었다. 9시 '땡!' 하자마자 전화가 왔다. 그 시간이라면 주말 내내 조급한 마음을 누르고 업무 시작 시간을 기다린 사람일 가능성이 크다. 나는 최대한 출근 준비 중인 티를 감추고, 차분한 목소리로 전화를 받았다.

"건축 상담을 하고 싶어서 적정건축 인스타그램으로 메시지를 보냈는데요, 며칠이 지나도 답이 없어서 전화했습니다."
"아, 그러세요?. 죄송합니다. 제가 알람을 안 켜 놨어요."

어서 확인해 보겠다고 대답하자 상대는 메시지는 안 보길래 지웠고 "상담, 오늘 되나요?"라며 사무실로 찾아와도 되냐고 물었다.

문의 전화가 오면 '상담은 문의 뒤 일주일 정도 시간을 가지고 스케줄을 잡으며, 문의 내용을 먼저 검토하고 미팅을 해야 좋다'라는 절차를 보통 안내한다. 그런데 '오늘'이라는 단어가 귀에 꽂혔다. 조급함이 느껴지는 상대의 목소리에 인스타그램 메시지 기능을 몰라서 불편함을 줬다는 미안함까지 더해져 그날 당장 만나야 할 것만 같았다.

우리 지금 만나
당장 만나

약속한 당일 오후 네 시, 젊은 부부가 사무실로 찾아왔다. 건축 상담을 하러 오는 분들은 보통 격식을 차리고 오는 편인데, 산책 중 꽃집 들른 듯이 가벼운 옷차림과 밝은 모습이라 인상 깊었다. 오는 김에 한남동에 들러 평소 가고 싶던 식당도 들렀다가 왔다며 쾌활하게 인사했다. 자신들의 얘기를 솔직하고 담백하게 풀어내어 첫 만남에도 어떤 사람인지 어렵지 않게 알 수 있었다.

두 사람은 요가와 명상을 좋아하고 유기견과 유기묘를 데려와 키우고 있으며 아내는 음악을 한다. 여기까지는 이효리, 이상순 부부와 비슷한데 남편은 공학자다.

"내년이 암 완치 5주년입니다. 그때를 기념하여 우리 집을 지어 살고 싶어요."

훅 들어온 펀치 같은 말이었다. 내 또래로 보이는 부인이 암 투병을 했다는 말을 듣고 쉽게 대화를 이어가기 힘들었다. 말기 암 환자가 되었다가 죽음을 극복했다는데 적절한 공감과 위로를 할 능력은 짧지도 길지도 않은 나의 인생 경험에서 아직 얻지 못했다. 아내분의 얼굴을 살피며, "이제 괜찮으세요?"라고 물어보는 것이 고작 내가 할 수 있는 공감 전부였다. 자연인으로는 그 정도 위로밖에 전할 수 없었지만, 건축가로서 나는 건축주 부부가 집을 짓고자 하는 이유와 강한 의지를 확실히 파악했고 반드시 건강하게 살 수 있는 집을 만들어줘야 한다는 책임감을 느꼈다.

여태 살아온 집에 대한 이야기를 들으며 대략적인 라이프 스타일을 가늠했다. 둘은 결혼과 동시에 미국에서 신혼 생활을 했고 호주, 서울, 대전 등 여러 나라와 도시에서도 살았다. 우연한 계기로 경기도 양평에서 살게 되었는데 암을 치유하기도 하고 여러모로 그곳이 좋아졌다고 했다. 그리고 마침내 정말 마음에 드는 땅을 만나 구입, 집을 짓기로 했다는 이야기였다.

취미 부자
관계 부자

첫 만남 후에도 부부가 사는 집과 집을 지을 자리를 여러 차례 방문하면서 대화를 주고받았다. 부부에 대해 알게 된 것들을 요약하면 이렇다.
첫 번째, 부부는 '취미 부자'다. 취미는 음악, 미술, 운동, 음식 등에 고르게 분포해 있었다. 우선 소장한 그림이 많다. 화가 친구에게 받은 그림, 마음에 들어 사서 모은 그림 등이었다. 커피, 와인, 요리 관련 살림살이도 많았다. 골프, 요가, 책, 피아노 등 집 안팎에서 즐기는 취미 용품도 한자리 차지했다.

취미란 무릇 깊어질수록 도구도 늘어나는 성질을 갖고 있어 각각의 아이템마다 수납공간이 많이 필요하다. 집 밖 어딘가 내가 확인하지 못한 곳에 접이식 요트를 포함한 다른 짐도 있다 했다. 집을 다 보고 나오면서 많은 도구가 필요한 가드닝에는 취미가 없어서 그나마 다행이라는 생각까지 했더랬다. 그런데 단독주택을 새로 지으면 마당이 생길 텐데 설마 부부가 가드닝까지 관심을 갖고 취미가 되어 짐이 또 늘어나는 일이 생기지는 않겠지? 이미 충분히 많은 취미로 바쁘니 괜찮지 않을까 하는 마음과 불안함이 함께 엄습했다.

또 두 사람은 '관계 부자'다. 집에 반려견 두 마리와 반려묘 한 마리가 있었는데 동물보호소에서 데려왔단다. 한 마리가 별이 되면 또다시 한두 마리를 데려오며 꾸준히 유기동물을 키우고 있었다. 집을 지으면 집 밖에서도 키우겠다 했다. 그때쯤 되면 진짜 이효리 부부 수준으로 반려동물이 늘어날지도 모른다는 말을 덧붙이며 사람 좋은 웃음을 터트렸다.

동물만이 아니라 사람 관계도 부자로 방문객이 많은 집이었다. 주중에는 아이들이 피아노 레슨을 받으러 왔고, 주말에는 손님들이 숙박을 위해 왔다. 지인들 사이에 부부가 사는 다세대 주택, 즉 빌라는 일명 '양평 펜션'으로 통하고 주말 숙박 손님이 끊이지 않는단다.

서로 다른 부부의
성격과 취향

부부의 성격과 취향은 또 달랐다. 아내인 민 님은 집안의 큰일을 주도하고 속칭 지르고 보는 성격이었다. 집 짓기도 아내가 추진한 일이다. 양평에 땅을 산 사람도 건축가인 나에게 전화를 걸어 오늘 당장 만나자고 한 사람도 아내였다. 반면 남편 준 님은 디테일하고 꼼꼼하게 챙기는 스타일이다. 일명 수습조. 아내가 큰 방향을 결정하면 치밀하고 구체적으로 일을 실행하는 사람은 남편이었다. 첫 만남 이후에 대부분의 결정과 실무는 남편이 챙겼다. 취향 면에서 남편은 쿨한 스타일로 다소 불편해도 멋과 디자인을 중시하였다. 반면 부인은 실용적이고 따뜻하고 편한 것을 좋아하는 성향이었다.

대화에도 온도 차이가 있었다. 남편은 이성적이고 담백하게 대화를 이어 나가며 질문에 대한 대답이 확실했다. 가끔은 완벽하지만 건조한 대답으로 대화의 소재가 금방 떨어지기도 했을 정도다. 반면 부인은 강렬하고 풍부한 감정 표현으로 유쾌하게 대화를 이끌었다. 대신 대화에 한참 빠졌다가 나중에 '요지가 무엇이었더라?' 생각하고 정리가 필요하곤 했지만 말이다. 요즘 유행하는 MBTI로 성격과 취향을 표현하자면 남편은 까칠한 INTJ, 아내는 사교적인 ENFP가 아닐까 추정된다.

성격과 취향이 무척 달라서 한가지로 딱 치우쳐서 맞출 수는 없었지만 서로 다르면서도 오묘한 조화로 하모니가 이루어졌다. 좋은 부부가 으레 그러하듯이 말이다. 무엇보다 그들에게 어울리고 잘 맞는 집을 지어 주는 것이 건축가인 내 역할이었다. 몇 번 만나다 보니 빈 땅에 어떠한 집을 지을지, 건축주가 살고 싶은 집의 모습이 그려지기 시작했다. 부부가 말한 소망이 집 한 채에 담기는 과정, 구현된 모습을 차근차근 풀어 보겠다.

첫 번째 소망:
동쪽의 해, 남향의 햇살,
서향의 경치를 즐기는 집
답은 현장에 있다

"새 집에 바라는 점을 글로 써 주세요."

건축주와 두어 번 만나 이야기 나눈 뒤 집에 바라는 점을 글로 적어 보라고 했다. 말하자면 '설계 요청 사항'을 서면으로 전달해 달라는 것이다. 이미 대화 중에 나온 이야기라도 글로 써서 달라는 데는 이유가 있다.

말이 쉽게 뱉는 언어라면 손으로 쓴 글은 고르고 고른 언어다. 쓰는 사람만의 감각을 전달한다. 예를 들면, '따뜻한 집'이라는 표현을 통해 겨울철 아이들이 감기로 고생하지 않았으면 하는 부모의 마음을 읽을 수 있다. 혹은 '따스한 집'이라는 표현에서 햇빛이 가득 스미는 거실 창문을 원하는 마음을 알 수도 있다. 형식상 '설계 요청 사항'은 건조하게 보일 수도 있지만, 내용은 매우 개인적이고 정서적이다. 건축주가 원하는 집을 표현하는 언어 자체에서 그의 마음과 감도를 알아차릴 수 있다.

나의 요청을 받고 우주의 건축주 부부는 대화를 나누고 작은 노트 한 면을 채워 왔다. 몇 가지 소망 중에 눈에 띄는 것이 있었다.

'아침에 명상&요가(일출이 보이면 금상첨화)'

처음 든 생각은 '불가능'이었다. 대체 평범한 가정집에서 어떻게 일출을 본단 말인가. 여기가 정동진도 아니고. '이런 요구사항은 동해안 리조트 개발 때 쓸 표현이지 단독주택에 쓸 표현은 아니잖아? 패스해도 무방하겠어' 하는 생각이 잠시 스쳤지만, 곧 부부의 특별한 인생사에 '일출'이 어떤 의미일지 생각하게 되었다.

내일이 없을지도 모르는 말기 암 환자였다가 투병 끝에 회복한 몸으로 맞이하는 하루는 분명 이전과 다를 터였다. 눈을 떴을 때 마주하는 둥글고 환한 아침 해는 말 그대로 새로운 날을 받는 상징이 아닐까.

암 투병이라는 절박함이 아니더라도 환한 아침 햇살 속에 요가와 명상을 하는 모습을 상상하니 '충만한 삶'이라는 단어가 연상된다. 내가 경험한 새벽 요가의 기분이 떠올랐는데, 요가를 마칠 때쯤 날이 서서히 밝아 오면 온몸에 따뜻한 기운이 돌고 평화가 채워지는 듯했다. 일출이라면 보통 사람들은 새해에 한 번 정도, 혹은 간절히 바라는 것이 생겼을 때 새벽같이 일어나 산을 오르거나, 해안 지역까지 차를 몰고 이동해야만 볼 수 있는 광경이 아닌가. 그런데 가장 좋아하는 요가와 명상을 하면서 매일 그 황홀한 장관을 만끽할 수 있는 집에 산다면 얼마나 좋을까. 아침을 맞이하는 벅찬 감격이자 희망으로 해석이 되자 매일 일출 볼 수 있는 집을 한번 만들어 보자는 쪽으로 생각이 바뀌었다.

부부와 대화하며 요가에 꽤 진심이고, 일출을 보는 걸 좋아한다는 사실은 알고 있었다. 그러나 소망을 정리한 글에서 요가와 일출을 하나로 묶어 놓은 문장을 보니 점차 밝아지는 풍경 속에서 마음까지 맑아지는 듯한, 새출발을 향한 의지가 느껴졌다. 그들이 새집에 바라는 것은 '새로운 인생의 출발'이 아니었을까 하는 깨달음이었다.

일출을
볼 수 있는 창

소망이 의미하는 바를 알아채고 나니 건축주가 손으로 적은 소망 중 '일출'이라는 단어는 그들의 삶을 깊이 이해하는 열쇠가 되었고, 집의 위치와 배치를 정하는 밑바탕이 되었다.

매일 일출을 볼 수 있는 집을 지으려면 '땅의 위치에 정확한 위도와 경도를 지정한 뒤, 춘추분과 하지 및 동지의 태양 궤적을 추적하고 창의 위치와 높이를 계산하면 되지 않을까?' 하는 데까지 생각이 미쳤다. 창문 크기와 모양을 넣은 좌푯값을 대입하여 시뮬레이션하면 될 것 같았다. 그런데 어떤 컴퓨터 프로그램으로 확인할지 감이 오지 않았다. 그러던 중에 건축주에게 메시지가 왔다.

'집의 위치에서 보이는 일출 데이터입니다. 설계에 참고해 보세요.'

건축주도 집을 지을 땅에서 일출이 보이는지 분석하고 있었나 보다. 아니 건축주가 이렇게까지 했는데 일출이 보이지 않으면 웬 낭패인

누구나 빠져드는 일출을 담은 창

가. 프로그래밍 오류 메시지가 뜨는 착각이 들며 식은땀이 흘렀다. 일출 시뮬레이션 테크놀로지까지 활용해서 복잡한 수식과 데이터를 이용해 설계해야 한다니 머리속이 복잡해졌다. 그런데 걱정은 의외로 쉽게 해결되었다.

답은 현장에 있었다. 건축주와 함께 집이 들어설 대지를 답사하며 주변을 살펴봤다. 우리 땅은 이웃집보다 높은 지대에 위치해서 멀리 있는 산까지 시선이 통했는데, 적절하게 동쪽으로 막힘없이 트여 있는 자리가 딱 한 곳 있었다. 이웃하는 두 집 사이의 넓지 않은 빈틈이었다. 빈틈의 연장선에 집을 잘 배치하면 집 안에서 일출을 볼 수 있으리라. 그 위치가 대지 입구에서 꽤 떨어진 곳이니 아침에 일출을 보며 눈을 뜨면 좋겠다는 생각으로 안방을 염두에 두었다. 그곳에 안방 침실을 배치하고 서쪽으로 머리를 두고 침대에 누웠을 때 보이는 자리에 창을 내면 365일 일출 예약 완료. 물론 창은 침대에 누워서 위를 보는 높이여야 한다.
안방이 정해졌으니 진입로부터 안방으로 향하는 공간을 거꾸로 계획했다. 안방이라는 프라이빗한 공간이 나오기 전에는 집 안의 공용 공간인 거실과 주방이 자연스럽게 연결된다. 그 앞에는 진입하는 현관이 오면 되고 앞에는 진입로와 대문. 이렇게 일출을 볼 수 있는 곳이 집의 가장 안쪽 공간인 안방으로 자리를 잡고 나니 집의 동선, 공간의 성격에 따른 영역 설정, 배치가 착착 정리되었다. 마치 영상을 거꾸로 감는 것처럼 재밌는 공간 계획법이었다.

아름다운 서쪽 풍광
그리고 거실

현장에 가니 대지에서 바라보는 서쪽 풍광이 정말 기가 막히게 좋았다. 산이 파노라마로 펼쳐지고 그 위로 시시각각 변하는 하늘을 막힘없이 볼 수 있었다. 이 풍광 때문에 집터를 정했다고 해도 과언이 아니었다.

"이 땅을 선택하신 이유가 뭔가요?"
"여기서 보는 풍경이 너무 좋아요. 마을 끝, 언덕 위에 있는
집이라서 남이 들여다볼 걱정을 안 해도 되고요."

건축사로 일을 하면서 많은 의뢰인을 만나 왔다. 그들이 선택한, 집이 앉혀질 땅을 보면 건축주와 땅은 인연이 있다는 말을 믿게 된다. 이 땅은 누구에게나 백 점인 땅은 아니다. 그러나 이 부부에게는 딱 맞는 보금자리 터였다. 건축가가 할 수 있는 일은 땅과 주인의 궁합에 맞고 대지의 잠재력을 최대한 올릴 방법을 찾아내는 것뿐이다.

집터의 하이라이트는 서쪽 풍광이기에 주요 공간인 거실에 큰 서향 창을 내는 것이 당연했다. 다만 큰 창으로 들어올 서향의 따가운 볕이 문제였다. 창이 클수록 해 질 때 뜨거운 복사열이 많이 들어온다. 여름이면 상상 이상의 열기로 변한다. 빼어난 풍광을 취하면서 불편한 뜨거운 볕은 피하는 방법을 생각해야 했다.

서향의 시원한 풍광을 즐기며 뜨거운 볕은 피하기 위해 선택한 처마

우선 처마를 길게 빼는 방법을 생각했다. 처마는 집의 외벽보다 더 길게 돌출된 지붕 면을 말한다. 쉽게 말하자면 챙이 있는 모자를 씌우는 셈이다. 그 챙이 야구모자 같을지 중절모 같을지는 디자인상의 문제고, 처마를 깊게 만들면 서향 빛을 어느 정도 막아 줄 수 있다. 처마가 드리우는 그림자로 집의 얼굴인 입면을 훨씬 풍부한 표정으로 만드는 시각 효과는 덤이다.

남향의 의미

서향에 대한 논의가 어느 정도 마무리될 즈음 부부에게 물었다.

"일반적으로 남향집을 지으라고 하는데 그 말은 어떻게 생각하시나요?"
"남쪽에 이웃집이 너무 바짝 붙어 있어요. 저희 사생활이 다 들여다보일 정도로요. 저희는 이웃과 갈등하길 원하지 않으니 남쪽 면은 무시하셔도 돼요."

집의 동쪽과 서쪽에 대한 부분이 해결되니 만족한다는 말이었다. 건축주의 요구가 있었으니 남쪽을 무시해도 문제가 되지 않을 수도 있지만, 나의 의견은 다르다. 남향은 집을 건강하게 만들어 주는 가장 기본 요소다.
남향으로 집을 지으면 겨울에는 햇빛을 깊이 받아들여 따뜻하고, 여름에는 그늘을 만들어 시원하다. 최대한 에너지가 밖으로 빠져나가는 것을 막는 건축 방식인 '패시브 하우스'의 원조 격이다. 게다가 위에 언급한 처마가 더해지면 햇빛을 잘 다스릴 수도 있다.

하지만 이 집에서 문제는 서향 창과의 부조화다. 부부의 집 '우주'는 서쪽으로 큰 창을 내어 뷰의 클라이맥스를 만들었기에 남향도 큰 창을 내는 방법은 적합하지 않았다. 그리고 이웃집과의 거리감도 문제였다. 남향으로는 전통적인 방식의 창문보다는 좀 더 우주라는 집에 적합한 방식을 찾았다. 천창을 떠올렸다. 큰 지붕이 집 전체를 감싸도록 설계하고 지붕에 다양한 천창을 냈다.

천창은 하늘 천天, 창 창窓으로 하늘을 볼 수 있는 창이다. 천창은 낮 동안 볕을 충분히 들이고, 해가 지면 밤하늘을 담는다. 비 내리는 날 빗소리와 함께 빗물이 쪼르륵 흘러내리는 천창은 운치를 더한다. 무엇보다 천창은 크기가 작아도 햇빛을 잘 받아들인다. 그래서 실내를 밝고 따뜻하게 채우는 남향 창 역할을 한다. 밤에는 달과 별 구경도 가능하다. 집 안에서 별 구경이라니, 정말 낭만적이지 않은가!

우주가 한창 공사 중일 때 현장에서 처음 본 천창은 의도대로 잘 구현되고 있었다. 넓은 지붕면에 두세 군데 위치한 빛의 통로인 천창이 신비로운 느낌도 나게 하였고, 채광 양도 충분해서 집이 어둡다는 느낌이 들지 않았다. 그런데 점점 느낌이 달라졌다. 단열재가 채워지며 지붕이 점점 두꺼워지고 천장 속에 설비가 추가로 생기자 천창을 통해 들어오는 빛이 지붕 두께 때문에 그 안에 갇히는 형국이었다. 섬세한 접근이 필요했다. 고민 끝에 천창의 실내 부분을 나팔 모양처럼 퍼지게 하자는 아이디어를 내었다.

빛이 실내에 퍼지도록 사선으로 깍아 만든 천창

이 부분은 롱샹성당 오마주다. 롱샹성당은 거장 건축가 르 코르뷔지에의 후기 작품으로 현대건축의 걸작으로 꼽힌다. 백미 중 하나는 창문이다. 성당 벽 두께를 이용해 빛의 확산을 극대화하며 만들었다. 이를 차용하여 우주의 천창에 지붕 두께 때문에 생긴 단점을 새로운 관점으로 전환해 보자 제안하였다. 건축가의 욕심만 생각하면 롱샹성당처럼 창의 네 면이 모두 각도와 모양이 제각각 다르게 퍼져 나가도록 하고 싶었지만, 시공에서 하자가 생길 가능성이 컸기에 심플한 방법으로 창의 위아래 부분만 사선으로 퍼지게 했다. 다행히 작은 디테일의 변화로도 빛은 충분히 온화했고, 밝은 천창이 되었다.

해돋이와 해넘이를 매일 볼 수 있는 집 '우주宇宙'. 하루를 온전히 살고, 건강하게 존재하는 것이 가장 크고 감사할 일임을 매일 느끼는 집이다.

건축가 활용의 정석
원활한 소통을 돕는 설계 요청 사항 작성법

내가 단골가게에 가는 이유 중 하나는 사장님이 내 취향을 이해하고 잘 맞는 것을 센스 있게 추천해 주기 때문이다. 믿고 먹는 오마카세나 단골 미용실처럼 건축가도 '알아서 합리적인 비용으로 좋은 집'을 지어 주면 좋지 않겠는가. 그런 집이란 아마도 이런 집 아닐까?

> 보기 좋고 살기 좋고 자랑하고 싶은 집
> 외관은 개성 있는 조형미를 갖추되 과하지 않은 집
> 공간 구조가 다양해서 단조롭지 않은 집
> 조명과 마감재 선택으로 만들어진 센스 있는 실내 공간을 갖춘 집
> 여유 있는 수납과 편리한 시설들이 갖춰진 집
> 관리가 편하고 하자가 없는 디테일로 섬세하게 조율된 집

모두 마땅한 요청 사항이기에 건축주는 설계를 의뢰할 때 건축가에게 요구할 수 있다. 기억하자. '건축가 없는 건축주는 있어도, 건축주 없는 건축가는 없다'는 사실. 건축가는 작가일 뿐 아니라 건축주의 욕망을 구현해 주는 건축 대리인이다. 그렇다면 어떻게 요구해야 현실로 이뤄질까? 식당이나 미용실에서 내 취향과 요구를 전달하는 방법은 경험이 쌓여 어렵지 않지만 건축가에게 의견을 전달하는 일은 낯설 수 있다. 건축가에게 집 설계를 맡기는 일은 일생에 한두 번 있을까 말까한 경험이다 보니 그렇다.

알아서 잘해 주세요
4단계

건축주建築主에서 주主는 주체를 뜻한다는 사실을 기억하자. 건축주인 의뢰인이 땅을 정해서 원하는 것을 이야기하고 일을 맡기면서 시작되는 일이지, 건축가가 땅을 사고 설계를 해서 디자인된 집을 파는 것이 아니다. 건축주의 욕망 없이 설계는 시작될 수 없고 완성된 건축물에서 지내는 실제 사용자도 건축주다. 그러니 건축주는 건축가에게 제대로 요구해야 한다. 자신이 기대하는 것을 건축가와 잘 만들어 나가야 한다. 그렇다면 요구를 잘하는 방법은 무엇일까. 몇 가지 단계로 요구하는 방법을 살펴보자.

첫 번째는 잘 말하기다. 자기 자신과 삶을 있는 그대로 이야기해야 한다. 어떻게 집을 지으려고 생각했고, 그간 무슨 과정을 거쳤는지 준비 과정을 대화로 푼다. 가족이 살 집이라면 가족 구성원에 대해서 이야기한다. 병원 상담이라고 생각하고, 어디가 아파서(어떤 필요가 발생해서), 어떻게 이 병원을 왔는지(어떻게 이 건축설계 사무실에 왔는지), 그동안 했던 처치나 복용하는 약은 무엇인지(설계 전의 사전 지식은 무엇인지, 설계와 건축에 대한 경험이 있는지), 가족력은 있는지(가족 관계는 어떻게 되고, 가족과 어떻게 지내는지) 등을 편하게 이야기한다.

애써 시간 내서 병원을 찾아간 환자가 의사에게 "상처엔 후시딘이니까 후시딘 발라 주고, 대일밴드로 감아 주세요"라고 하지 않듯이 단도직입적으로 결과만 통보하듯 "방 네 개, 화장실 두 개의 45평짜리 집"이라고 먼저 하지 않는 편이 더 좋다.

두 번째는 잘 보여 주기다. 건축가에게 잘 털어놨다면 이제 참고할 만한 사례나 이미지를 보여 주면서 건축가가 자신을 이해할 수 있도록 전달하는 단계다. 주택을 의뢰한다면 현재 사는 집을 보여 주는 방법이 가장 좋다. 냉장고 문도 열어 이야기 나누며 삶의 모습을 알려 주고 주치의가 자신의 라이프 스타일을 진단하게 하는 것이다. 식생활은 아주 중요한 부분이니 냉장고 안을 보이길 부끄러워하지 말자. 사는 곳은 현재 삶의 패턴이 잘 담긴 살아 있는 자료다. 자기가 시간을 많이 보내고 좋아하는 부분을 집에서 설명하면 놓친 부분이 생겨도 건축가가 포착할 수 있다. 마찬가지로 생활 속 불만이나 불편 사항을 설명하면 이를 개선하고 좋아하는 부분을 더 증폭되도록 설계, 생활이 바뀔 수 있다.

건축가로서 나는 이 과정을 왕진에 비유한다. 문진이라 할 상담에서 알게 된 내용과 상상을 내가 진단해야 하는 현장에 가서 현실을 살피고 실제로 확인하는 작업이다. 잘 들여다보면 설계의 힌트와 주안점이 나온다. 우주보다 먼저 지은 주택 '평담재'를 설계할 때 있었던 일이다. 살던 집을 관찰하다 주방 한편의 키 큰 수납장을 가득 채운 그릇 무리를 발견했다. 덕분에 건축주가 말하지 않은 음식과 요리에 관한 욕구를 알아차릴 수 있었다. 알고 보니 프랑스에서 요리를 공부하고 미쉐린 투스타 레스토랑에서 일했던 안주인은 의뢰 미팅에서 자신의 이야기를 쏙 빼놓았다. 사람들 대부분이 스스로 평범하고 자신의 생활이 보편적이라고 생각한다. 특이점이라 느끼지 못하니 설명하지 않는다. 생활하는 공간에 가서야 그 사람을 이해할 힌트를 얻을 때가 있다.

첫 단계에서 잘 설명하자고 했지만 건축 의뢰가 대부분 처음이니 잘 설명하긴 쉽지 않다. 전문가라면 들은 얘기와 눈으로 확인하는 얘기의 온도 차도 감지한다. 엄청 배가 아프다고 했는데 단순한 복통인지, 참을 만하다고 말해도 터지기 전의 맹장염일지는 의사가 파악해야 한다. 사는 모습을 보여 주면서 자연스레 이야기를 하다 보면 건축주마다 가진 특별함을 건축가가 잘 알아챌 것이다.

세 번째, 글과 이미지로 소통하기다. 우주의 건축주 이야기를 하면서도 강조했지만 건축주가 요구사항을 글로 써 보는 단계가 아주 중요하다. 글은 생각 정리 도구다. 이쯤 되었다면 가족끼리 해야 할 숙제가 있다. 함께 살 가족이 모여 앉아 차분히 상의하면서 요구사항을 적어 보자. 그러면 가족 구성원의 새로운 모습을 발견하고 깜짝 놀라는 경우가 많다. 새로운 상황에 부딪치면 스스로 몰랐던 내 모습을 발견하기 마련이다. 이미 지어진 집에 맞춰 생활과 짐을 배치할 때와 나의 생활과 소망에 맞춰 집을 지을 때는 완전히 다른 경험과 과정, 요구가 생긴다. 10년이든 20년이든 함께 살았던 가족에게도 마찬가지다.

같이 모여 요구 사항을 글로 적어야 조율하고 상의하며 가족의 의견을 한 목소리로 정리할 수 있다. 글로 써 보면 서로 충돌하는 수많은 모순점이 있음을 발견하게 된다. 이제 가족만의 우선순위를 정해야 한다. 그 과정에서 공간별로 주도권을 갖는 이도 자연스레 정해진다. 가족에 따라 남편이 주방 활용, 관심, 애정이 더 크면 주도권은 남편에게 줄 수 있다. 아내가 차고에 주도권을 갖고 원하는 바에 따라 계획할 수도 있다.

글로 정리된 요청 사항은 이미지로 표현하면 더 좋다. '넓고 밝은 세탁 공간'이라는 말로 욕망의 중요도는 전달되지만, 각자 머릿속에 그리는 분위기와 구성은 다르다. 잡지나 인터넷 검색 등을 통해 각종 이미지를 찾아 스크랩해 보자. 모아 놓은 이미지를 통째로 전달하지 말고 각 이미지는 어느 부분이 좋아서 선택했는지 설명하면서 관점을 나눠야 한다. 이미지 안에는 정보가 너무 많아서 설명이라는 소통 없이 전달만 하면 산으로 갈 수도 있다. 같은 이미지 안에서 누군가는 타일 마감의 색깔을 볼 수도, 누군가는 세탁기 자체의 브랜드나 가격 같은 정보만 볼 수도 있다.

마지막은 숫자로 이야기하기다. 건축가를 만나러 갔을 때 처음에 말하고 싶었던 '45평에 방 네 개 화장실 두 개!' 이것을 입으로 전달할 때가 되었다. 물론 위의 과정을 통해서 방 넷이 식구 네 명이 각각 잠을 자는 침실로 구성할지, 평소에는 아이의 놀이방이었다가 가끔 놀러 오시는 친정엄마가 주무실 수도 있는 방도 필요할지 알게 되었을 테다. 그뿐만이 아니라 이사해야 하는 시기, 공사 예산, 규모 등 꼭 지켜야 하는 문서상의 숫자 같은 것도 포함된다.

글의 도입부에 언급한 '보기 좋고 살기 좋고 자랑하고 싶은 집' 이하의 문장에서 빠진 것이 있다. 주어다. 그 문장은 '내가 느끼기에'로 시작해야 한다. 건축주인 내가 느끼는 주관적 좋음을 정의해야 한다. 그리고 그 '좋다'에 대하여 건축가에게 의뢰하면서 잘 전달하는 것이 잘 요구하는 비결이다. 쉽게 말하면 건축가에게 나의 욕망을 동기화해야 한다.

두 번째 소망:
야외와 시선이 연결된 반신욕탕
골칫거리를 집의 고유한 매력으로 만드는 결정

부부가 단박에 마음에 들어서 샀다는 땅은 딱 좋았다. 마을 끝에 살짝 비껴간 길을 초입으로 펼쳐진 대지는 호젓했고, 전망도 좋았다. 땅은 단단해 보이고 평평했다. 너비와 길이가 15미터에서 25미터 사이로 넉넉해서 면적이나 형태로 보면 배치가 적당히 자유로울 조건이었다.

하지만 현장에 가니 골칫거리가 있었다. 대지 안에 떠억 하니 돌이 하나 있었다. 누가 알 박기 하려고 가져다 놓은 것 같기도 한 커다란 돌이 설명할 수 없는 이상한 위치에 자리 잡고 있었다. 등산 중이라면 대여섯 사람은 나란히 걸터앉아 쉴 법한 크기였다.

돌 때문에
돌겠네

"이 돌은 옮겨야겠지요?"

준 님이 질문하자 함께 현장을 보던 시공사 사장님이 난감한 표정으로 돌을 옮기는 것은 사실상 불가능하다고 말씀하셨다. 드릴로 구멍을 내고 돌을 쪼개서 굴착기로 옮겨서 버리는 현실적인 방법을 제안하셨다. 돌은 빙산이라고 생각하면 이해가 쉽다. 눈에 보이는 땅 위에 드러난 부분이 다가 아니다. 보이지 않는 뿌리가 얼마나 깊은지는 누구도 알 수가 없다. 오가는 대화 속에서 설계의 난이도와 공사 비용 증가가 눈에 그려졌다.

"음…… 이 돌을 잘 활용해서 조경의 일부로 만들면 더 좋을 것 같아요."

나는 돌을 부수지 말고 살려 보자고 제안하면서 건축 미담을 떠올렸다. '어느 절은 땅에 본래 있던 천년 나무를 잘 살려서 지었다더라' 하는 이야기. 나무는 점점 자라나는 생물이지만 돌은 무생물이므로 좀 더 다루기 쉽지 않을까 생각했다. 그리고 조경석이라는 말이 있듯이 일부러 조경을 위해 돌도 가져다 놓는데, 돌을 살려서 집의 정원을 만들면 멋도 있지 않을까 하는 생각이었다. 하지만 그 한마디가 얼마나 많은 계획과 결정에 영향을 줄지, 그때는 차마 예상을 못 했다.

흙에 파묻혀 있을 때는 알기 어려우나 완성 후까지 상상해야 하는 자연물의 가치

작은 호사

부부가 사는 집 곳곳에서 여행 사진이 눈에 띄었다. 그중에는 일본 전통 숙소인 료칸에서 유카타를 입고 찍은 사진도 있었다. 자신들이 '반신욕 러버'라며 건축주 부부는 일본 료칸의 노천탕 같은 목욕탕을 원했다. 아내가 투병 때 치료 목적으로도 욕탕을 사용했다고 한다. 치유 이후에는 느긋하게 욕탕에 들어가 긴장을 푸는 시간이 큰 즐거움이라며 욕탕의 중요성과 애정을 얘기했다.

'작은 료칸' 느낌의 공간을 가지고 싶다는 말은 좋은 힌트였다. 그래서 집에 있는 욕실이지만 소소한 호사를 누릴 수 있는 공간을 만들 방법을 생각했다. 아파트나 호텔처럼 실내에서만 풀어야 한다면 욕실의 호사스러움을 욕조의 크기나 마감재의 가격에 기댈 수밖에 없다. 하지만 우리는 단독주택을 짓고 있으므로 공간을 좀 더 확장해서 욕실을 그릴 수 있다. 바로 대지에 있는 돌을 활용하는 발상이다. 욕탕에서 돌과 안 정원이 잘 보이는 기분 좋은 공간을 설계한다면 꽤 괜찮은 욕실이 될 수 있다. 작은 노천탕처럼 말이다.

나는 부부가 소망하는 대로 노천탕 느낌의 료칸식 욕실을 만들기로 했다. 돌과 연계해 공간을 만들기 위해 욕실을 남향으로 펼쳐 놓고, 외부에서 욕실이 안 보이게 시선을 막아줄 가벽을 세운 것이 첫 번째 계획안이었다. 이런 방법은 일본의 욕실 구법, 조경 문법과 비슷하다. 첫 계획안 미팅에서 제안한 이 부분을 의뢰인 부부가 정말 마음에 들어 해서 돌과 연결되는 욕실의 콘셉트를 몇 차례 더 발전시켰고 욕실은 현재의 모양새를 갖추게 된다.

우선, 남쪽에 평행했던 욕실을 돌을 중심으로 시계방향으로 90도 돌린다. 돌의 너비만큼 복도를 길게 내어 떨어진 두 공간을 복도로 잇는다. 'ㄷ'자 모양으로 집이 돌을 감싸 복도에서도 욕실에서도 돌 정원이 보인다. 결국 돌은 집의 일부로 들어온다. 집 안에 이런 복도를 두는 건 흔치 않지만, 료칸으로 여행을 떠나는 느낌이 들고 돌이 집 안의 일부가 되는 것도 좋았다. 우리는 우주의 복도를 이렇게 불렀다.

'목욕하러 가는 길'

목욕하는 가는 길을 지나 계단 세 단을 내려가면 작은 호사를 누리는 욕실이 나온다. 욕실은 두 부분으로 나뉜다. 출입구 쪽은 물때 걱정 없이 뽀송뽀송하게 쓰는 세면대와 좌변기가 있는 건식 화장실이고, 안쪽은 샤워기로 바닥까지 물을 적셔도 괜찮은 습식 공간이다. 습식 공간은 앉아서 때 밀고 몸을 정갈하게 하는 좌식 세신 공간과 몸을 물에 담그는 욕탕으로 구분했다.

미세한 디테일을
정해 준 돌

작은 료칸식 욕실은 전체적으로 '외부 같은 개방된 느낌, 동굴 같은 아늑한 느낌'을 모두 내고자 두 가지 색의 무채색 타일을 사용했다.

돌을 품고 배치한 복도와 욕탕

건식 화장실 부분은 밝은 회색 타일, 습식 욕탕 구간은 검은색 타일이었는데 채도를 낮춰 편안한 분위기를 만들기 위한 선택이다. 검은색 타일이 줄 수 있는 무거운 느낌은 욕조의 코너 창으로 완화했다. 코너 창은 벽의 모서리 양쪽 면이 연결된 투명창이라 개방감이 좋다. 그 방향이 보이도록 욕조에 누우면 시선이 외부로 자연스럽게 연결되어 아늑하고 평온해진다. 긴장이 풀어지고 돌과 안 정원이 눈에 들어오면서 마치 노천탕에 있는 느낌이 온몸에 스민다.

작은 공간이지만 타일 색상을 두 개로 나누면서 조화를 이루기는 쉽지 않다. 타일을 고를 때 진짜 동굴처럼 보이는 멋있는 이태리 석재石材 타일에 눈이 갔지만 욕심을 가라앉히고, 우리 공간의 크기와 분위기에 어울릴 만한 타일을 찾아야 했다. 표현상 야외 노천탕, 자쿠지 같은 공간이지만 너비 3785밀리미터 폭 1450밀리미터로 크지 않은 공간이라 어울리는 타일 크기를 선택해야 했다. 키가 작은 사람이 큰 패턴의 옷을 입으면 더 작아 보이듯 적절한 스케일은 항상 중요하다. 가로세로 각각 600밀리미터인 정사각형으로, 색이 다른 형제 같은 타일을 골랐다. 또 바닥과 벽을 감아올려 시공해 하나로 보이게 하였다. 바닥과 벽에 같은 타일을 쓰면 공간에 일체감이 생겨 좀 더 넓게 느껴진다. 두 타일의 조화는 채도와 질감 차이에서만 오는 것이 아니라 둘이 만나는 지점이 얼마나 세심하게 고려되었는지에 따라 결정된다. 샤워기의 물이 변기나 세면대로 튀지 않도록 중간에 칸막이용 내벽을 세웠는데, 그 벽을 기점으로 타일의 줄눈이 딱 맞아떨어지도록 맞추기가 쉽지 않았다. 이미 벽과 변기 위치가 정해진 상태에서 타일 배치를 그려 보았더니 가벽 위치가 영 못마땅했다. 모가 깎인 이형 타일이 나오지 않도록 만들기 위해 이미 세워 둔 벽을 원래 위치에서 옆으로 50밀리미터 옮기는 일도 발생했다.

'타일 줄눈 50밀리미터가 안 맞아서, 벽을 굳이 뜯어서 옮긴다니!' 이렇게까지 까다롭게 굴 일인가 생각할 수도 있다. 하지만 많은 요소를 제자리에 질서 있게 배치하기 위해서는 피할 수 없는 일이었다. 매일 변기에 앉을 때마다 삐뚤어진 타일 조각을 보게 할 수 없으니까.

욕조에 누워 돌과 시선을 맞출 수 있는 경험도 저절로 이루어진 일은 아니다. 정원을 감상하는 데 최적의 각도와 높이를 미리 생각해서 집을 앉혔기 때문에 이룰 수 있었다. 물론 이 또한 쉽지 않은 과정이었다. 보통 집을 지을 때는 외부 땅보다 실내 바닥 높이를 올려서 만든다. 그래야 외부에서 물이 들이치지 않고, 벌레나 뱀 같은 생물이 쉽게 기어들어 오지 않는다. 그런데 우주는 집 안에서 돌을 보았을 때 낮아 보이지 않도록 하기 위해 지형 높이를 그대로 유지하면서 집을 앉혀야 했다. 집을 앉힐 때도 돌이 '목욕하러 가는 길' 틈새로 잘 들어오게 미세하게 각도를 틀어야 했다. 2도쯤 시계 방향으로 집을 돌리고 도면상의 내용과 현장의 내용을 두 번 세 번 확인하고 조정한 끝에 세심하게 돌이 집의 일부로 자리를 잡았다. 아니지, 돌의 이웃으로 집이 자리를 잡은 것이니 말 그대로 돌이 집의 x, y, z의 위치를 정해 주었다.

작지만 럭셔리한 세미 노천탕

욕실이 완성될 즈음, 건축주가 온라인 쇼핑몰을 뒤지고 뒤져 일본식 욕탕에 들어가는 소품을 사 왔다. 커튼과 히노끼 의자와 욕실 용품을 가져다 놓으니 일본 여행에서나 즐길법한 그럴싸한 료칸 느낌의 욕실이 완성되었다.

우주가 완성되고 얼굴을 내민 돌을 보니, 돌도 분명 만족하고 있으리라 생각되었다. 처음 계획안이 꽤 과감하여 건축주가 싫다 하였으면 실현 불가능했을 도전이다. 건축주의 지지와 실현 의지 덕분에 세상에 하나뿐인 작은 료칸식 욕실과 돌 정원이 만들어졌다.

공사가 마무리되어 갈 때 '우주'의 조경을 누가 어떻게 하면 좋을지 고민했다. 조경가 몇 명을 만나 봤지만 결정이 어려웠다. 조경가 가운데 한 명은 이미 집에 잘 자리 잡은 돌을 빼내야 한다는 말까지 했다. 걱정이 깊어지던 찰나에 마지막으로 만난 조경가의 말에 안심했다.

"와! 이런 돌 가져와서 조경하려면, 이천만 원은 더 들었을 거예요. 당연히 살려서 조경해야지요."

물론 그분이 조경을 맡았다. 공사판 먼지를 뒤집어썼던 돌을 깨끗하게 씻기고 나니 꽤 근사했다. 옆에는 작은 조경 식물들과 검은 대나무가 함께 어우러지도록 해 주었다.

전에 없던 귀티까지 흐르는 기분, 자식 하나 잘 키운 부모처럼 뭉클

하고 뿌듯했다. 원주민이 아닌 원주석石이 나에게 이렇게 말하는 것 같았다.

"건축가 양반! 거봐, 내 덕분에 집이 더 살았지?"

이 모든 게 돌 때문이다. 모든 게 말이다.

적당히 타협해서는
만들 수 없는 '적정함'
거대한 건물을 짓는 데
밀리미터 단위를 쓰는 이유

"소장님 욕실이 너무 작은 것 같아요."

공사가 한창일 때였다. 준 님이 걱정 어린 연락을 해 왔다. 보통 건물 바닥을 만들 때 건축주가 제일 많이 하는 얘기 중 하나가 '집이 작다', '방이 작다'다. 집이 작다는 말은 작게 '느껴진다'는 뜻인데 설계상 치수가 작지 않음을 도면으로 확인했어도 공사 현장에서는 그렇게 느껴진다. 그래서 항상 설명한다.

"집이 만들어지는 동안 건축주는 항상 그렇게 느낍니다. 이사할 때 짐이 빠진 집을 보면 작게 느껴지는 것과 같아요. 안에 변기, 세면기 같은 것이 들어가고 타일이 붙으면 작게 느껴지지 않을 거예요."

먼저 말로 설명하며 이해를 돕고자 했다. 말하자면 스케일이 비교되는 물건이 없어서 공간감을 파악하기 어렵다는 뜻이다. 설명에도 불구하고 준 님의 의문은 해소되지 않았다.

"아…… 소장님, 그래도 이건 정말 너무 작아 보이는데요?"

꼼꼼한 성격의 남편 준 님은 나노미터의 단위를 다루는 화학공학자다. 대학 시절 건축에 흥미를 느껴 건축 전공수업을 듣기도 했던, 건축에 진지한 관심을 둔 이의 말인지라 좀 더 확실한 설명을 추가했다. "우주의 화장실은 별채처럼 떨어져 있으니까 집의 규모에 비해서 그 욕실만 보면 작아 보일 수 있어요. 저번에 가 보신 평담재 욕실과 같은 크기니, 그때 작다고 느끼지 않으셨으면 진짜 괜찮을 거예요!"라고 덧붙이자 더 이상의 질문은 없었다.

말로는 설명되지 않는 크기의 감각

프롤로그에서도 잠시 언급했던 '평담재'는 몇 해 전 설계한 집인데, 우주를 짓기 전에 사례 조사로 민 님, 준 님과 함께 가 보았었다. 집 설계 중 일반 건축주와 소통할 때 가장 어려운 부분은 공간이 작은지 큰지 가늠하고 맞추는 일이다. 내가 생각한 해법은 실제 사례를 보고 기준으로 삼아 '크다, 작다'로 소통하는 방법이다. 처음에는 건축주에게 가장 익숙한, 현재 거주하는 집을 실측하고 비교해서 소통한다. 사는 집의 주방보다 크다, 작다는 식으로 비교하며 설명한다. 그 후에 설계하는 집의 디자인이 어느 정도 윤곽이 잡히면, 내가 설계했던 다른 완공된 집을 사례로 답사한다. 전작을 보면 건축가의 의도가 어떻게 공간으로 구현되는지 알 수 있다. 방이나 욕조의 크기처럼 구체적인 공간의 치수도 있고, 재료의 감촉이나 마감 디테일, 조명과 창의 분위기 등 감각적인 것도 있으니, 현장의 모든 요소가 참고가 된다. 도면이나 렌더링 이미지로 볼 때보다 훨씬 이해도가 높다.

우주의 건축주를 안심시키고 난 뒤 평담재와 우주의 도면을 꺼내 욕실 크기를 비교해 봤다. 100퍼센트 내 말이 맞다는 자신을 갖고 확인 작업에 들어간 것이다. 하지만 두 집의 욕실을 겹쳐 보자 다른 부분이 나타났다. 아니, 다르다! 작다!
분명 같은 구성은 맞는데 우주의 욕실 크기가 진짜 더 작았다. 구체적으로, 욕실의 폭을 결정하는 것은 욕조의 길이인데 평담재 욕조 길이는 1600이었고 우주의 욕조는 1450이었다. 앗! 150이나 작다니. 한 뼘도 안 되는 치수지만 욕조라는 작은 공간에서 길이 한 뼘 차이는 작지 않다. 바지에 셔츠를 넣어서 입을 수 있는 넉넉함이냐 살이 쪄서 단추도 잠길까 말까 한 빡빡함이냐의 차이. 다행히 1450이라는 욕조 길이가 이용에는 불편 없는 치수라 심각한 문제는 아니었다. 그래도 건축주가 항의한다면 정말 할 말이 없는 상황이었다. 현장에서 이보다 더 작게 시공되는 일이 없도록 잘 감독해야 했다.
그렇게 나는 식은땀을 흘리면서 왜 이렇게 공간을 '딱! 맞게' 설계해 버렸나 생각했다. 좀 더 넉넉하고 적당하게 설계했으면 편했을 텐데. 내 적정함의 기준으로 욕조 길이 1450은 딱 알맞았다. 일반적인 욕조 치수는 1400부터다. 사용에 전혀 무리가 없었고, 우주의 욕실은 건식으로 된 화장실과 습식 욕실이 나란히 붙어 있어 공간 자체로도 보통의 욕실보다 더 컸다. 화장실에는 세면대와 변기가 있고, 물 쓰는 욕실은 앉아서 세신을 할 수 있는 샤워기와 좌식 의자 영역과 탕으로 구분된다. 이미 욕실 자체가 넓고 여러 영역으로 나누어졌기에 욕조는 벙벙하지 않은 길이로 재단했다. 정말 꼭 맞는 옷처럼 만들어서, 물건을 늘어놓지만 않으면 깔끔하면서도 아늑한 편안함을 줄 수치였다. 나는 분명 이런 확신을 가지고 설계를 했었다.

하지만 건축주가 평담재와 같은 크기를 예상했다가 작게 느껴진다 아쉬워하면 치밀한 적정함은 무너질 수 있기에 다음부터는 조금 여유 있는 적정함으로 접근을 해야겠다고 반성했다. 그러나 안타깝게도 이 반성을 더 뼛속 깊이 새기는 일이 그 이후에 생겼다. 작은 어긋남으로 난감해지는 문제가 욕실이 아닌 다른 공간에서 터졌다. 벽을 뜯어야 하나 생각하며 나는 머리를 쥐어뜯게 되었고, 결국 건축주의 결단으로 수습하고 마무리 지었다. 이 이야기는 차차 하겠다.

건축가는 왜
까다로운 사람일까?

환경이 성격을 만든다. 현악기 연주자 중에 높은 음을 다루는 바이올리니스트는 좀 더 까다롭고 저음을 다루는 첼리스트는 성격이 부드럽고 여유가 있단다. 그러니 현악기 중 가장 저음을 다루는 콘트라베

이시스트는 가장 느긋한 성격이고.

MBTI 성격 유형 중 INTJ의 특징은 깐깐하고 치밀한 성격인데 별칭이 '건축가'다. 분석적이고 종합적인 사고력을 필요로 하고 계획적이라 까다로울 수밖에 없기 때문이다. 건축가라는 직업을 가진 사람들의 성격을 만든 이유 중에는 건축가가 다루는 단위도 한몫한다.

건축은 밀리미터㎜ 단위를 쓴다. 욕조를 설명하면서 단위를 일부러 생략했는데, 수치에 맞는 단위는 모두 밀리미터다. 센티미터㎝ 혹은 미터m가 아니다. 열 배나 넘는 차이니 꼭 알고 있어야 한다. 가끔 계산서를 보고 엄청 싸다고 느꼈는데 구석에 적힌 '단위: 천 원'을 보고 숫자에 영 세 개가 빠져 있음을 깨달았던 경험이 있을 것이다. 그런 일이 없도록 건축의 기본 단위도 알아야 한다.

1밀리미터에
목숨을 거는 일

왜 익숙한 센티미터나 미터를 쓰지 않고 밀리미터 사용이 표준인지 정말 골똘하게 생각을 해 본 적이 있었다. 대학에서 건축학을 전공하고 건축사 사무소를 오래 다녔지만, 이 부분에 대해서 따로 누가 알려준 적이 없었기 때문이다.

내가 생각하는 첫 이유는 다루는 사물의 속성, 재료다. 건축이 다루는 수치는 가로세로 등이지만, 결국 물성은 재료에 따라 완성된다. 바로 철, 유리, 콘크리트와 같은 것. 타일, 나무, 철물 두께와 크기 모두 밀리미터 단위로 측정한다. 재료의 종류와 두께는 강도와 직결된다. 같은 1밀리미터라도 종이나 나무는 매우 약하지만, 철판 1밀리미터 두께면 엄청 강하고 튼튼한 구조물을 만들 수 있다. 잡지에나 나올법한, 한쪽 면만 벽체에 고정되어 공중에 떠 있는 듯한 느낌이 드는 계단은 그렇게 몇 밀리미터 철판을 접어서 만든다.

이 철판이 1밀리미터인지 2밀리미터인지에 따라 강도와 무게는 물론이고 작업이 쉬운지 어려운지를 결정하는 작업성과도 연관이 있다. 재료 두께에 따라 현장에서 잘라서 쓰는지 공장에서 재단해 와야 하는지 결정되고 작업 난이도와 공정 등은 모두 비용과 연결된다. 같은 계단이라도 철판을 접어서 아래 지지대가 없이 벽에 떠 보이는 계단을 만들면 중고차 한 대 정도의 가격만큼 비용 차이가 날 수 있다.

이 계단의 철물 두께를 몇 밀리미터 줄이면 보조적인 구조재가 필요하고 그 재료는 저렴하지만, 두께가 두껍고 디테일이 달라진다. 당연히 건축가는 이 모든 것을 세밀하게 고려해서 설계해야 하는데 이 모든 단위가 밀리미터의 치수 싸움이다. 그래서 실제로 모든 상세도는 밀리미터를 한 번 더 나눠서 0.1밀리미터 단위로 사용하고 있다. 이런 내용을 적은 것이 상세 도면인데, 상세도에는 Thickness의 약자인 T에 두께와 재료명을 표기한다. 'T0.5 철판', 이런 식이다. 상세도뿐 아니라 재료를 표기하는 모든 부분에는 재료명과 두께가 적혀 있어야 도면이 된다. 그래서 건축계에는 이런 농담이 있다. 건축주가 미우면 상세도나 재료 마감표에 T0.5 페인트'를 'T0.5 금박'으로 써놓으라는 말이다. 아마 마감재 단위가 '원'에서 '천 원'으로 바뀌는 신비를 볼 수 있다. 이렇게 같은 철판이라도 몇 밀리미터를 구부려서 어떻게 가공하는지까지 정하는 것이 건축가의 디자인 범위다.

밀리미터에서 킬로미터까지,
건축가의 감각

'다빈치에서 파인먼까지 창조성을 빛낸 사람들의 13가지 생각도구'라는 부제를 달고 있는 책 『생각의 탄생』은 이렇게 말한다. "다른 스케일의 우주에서는 다른 일이 일어난다." 건축가의 사고는 밀리미터와 킬로미터를 넘나들며 확장되고, 그 사고의 범위는 경험의 폭에 비례한다. 흔히 하는 '부모가 되어 봐야 어른이 된다'거나, '후배가 들어와야 선배가 된다'는 말처럼 처한 위치와 다루는 범위에 따라 시야도 확장된다. 건축가에게 필요한 재능이란, 결국 사람을 이해하는 감수성과 더불어 다양한 단위와 재료를 감각적으로 조율하는 능력이다. 건축가는 현실 속에 존재하는 모든 크기의 공간을 다룬다. 눈에 보이고 손에 잡히는 0.02밀리미터의 비닐 한 장부터 수백 킬로미터에 이르는 도시까지, 스케일의 폭이 상상 이상이다. 그렇기에 숫자로 환산되는 '십진수 단위'만이 아니라, 상대적인 크기를 감각적으로 인식하고 판단하는 능력 또한 필요하다. 자나 각도기가 아닌 머릿속에서도 자유롭게 '줌인'과 '줌아웃' 할 수 있는 무형의 스케일 도구가 필요하다.

과학자는 나노미터 단위의 현미경 세계를 들여다보고, 천문학자는 수만 광년의 거리로 별을 계산한다. 반면 건축가는 그 사이, 가장 '인간적인 스케일'에서 사물과 풍경, 감정과 재료를 동시에 다루는 직업이다. 단위를 넘나드는 이 감각은 타고나는 것이기보다는 경험으로 축적된다. 반복되는 설계와 실패, 그리고 건축이 완성되는 시간의 밀도 속에서 비로소 길러진다. 그래서 건축에는 천재가 없다고도 한다.

완성도를 만드는 미세한 디테일

공간의 완성도는 규모로 결정되지 않는다. 음식에서 가장 중요한 것이 '간'이듯, 공간에서도 핵심은 '스케일감'이다. 아무리 좋은 재료와 기술로 꾸민 요리도 간이 맞지 않으면 맛이 없다. 마찬가지로 아무리 큰 공간이라도 치밀하지 못하면 불편하고, 죽은 공간dead space이 생긴다. 반대로 작은 공간이라도 잘 짜인 설계는 사람에게 깊은 편안함을 준다.

앞서 설계했던 '우주의 욕실'도 마찬가지였다. 우주의 욕실은 하루를 마치고 쉼을 맞이하는 순간을 위해 설계했다. 느지막한 시간 욕조에 물을 받고 누웠을 때의 편안과 안도를 머릿속에 그렸다. 복도에서 욕실로 몇 걸음 내려가는 수직 이동만으로도 공간적인 전이감을 줄 수 있다. 이를 위해 계단 3단, 높이 500밀리미터를 하향하여 만들었다. 욕조 가는 길에 통창으로 보이는 풍경의 전이와 시선의 높이차로 작은 돌 정원이 깊은 울림과 기대를 불러일으켰다.

욕조 안에 머무는 시간은 또 어떤가. 옷을 벗고 물을 받으면서 들리는 소리의 공명. 몸을 정갈하게 씻는 전개의 과정을 거쳐 마침내 욕조 물에 들어갔을 때 느끼는 감촉의 절정은 돌 정원의 시선과 연결이 된다. 코너 창의 개방감 극대화를 위해 욕실은 절제된 크기로 설계했다. 욕조 부분은 깊은 울림을 주는 흑색 타일로, 건식 부분은 같은 톤 계열의 밝은 회색 타일로 마감하여 톤온톤 구성이 이뤄졌다. 두 재료가 자연스럽게 이어져 시각적 이질감이 사라지고, 흑색의 무거움은 회색이 부드럽게 보완한다. 덕분에 욕실은 단조로움 대신 절제된 긴장감을 품게 되고, 코너 창을 통해 들어오는 빛과 풍경이 더해져 욕조 중심으로 동굴 같은 아늑함과 차분함을 선사한다.

적당히 타협할 수 없는 건축가

건축에서 조화를 이루기 위해 꼭 필요한 재료가 있다면, 그것은 인내심이다. 건축은 결코 한 사람의 힘으로 완성되지 않는다. 땅을 파는 굴착기 기사, 철근과 콘크리트를 다루는 작업자, 벽과 지붕을 짓는 목수, 내부 방수를 맡는 미장공, 설비와 전기를 설치하는 기술자, 마지막으로 마감을 책임지는 타일공까지 수많은 손이 필요하다. 물론, 공장에서 제작된 금속과 유리로 만든 창호도 그 일부다.

이처럼 건축은 단순히 공간을 만드는 일이 아니다. 사람과 환경, 물성과 감성을 정교하게 연결해 내는 고도의 균형 작업이다. 그 중심에는 눈에 보이지 않지만 분명하게 작동하는 건축가의 감각과 인내가 있다. 그것이 바로 밀리미터부터 킬로미터까지 사고하며 조율하는 사람의 일이다.

건축가의 재능이란 이 다양한 수치와 관계 속에서, 크지 않더라도 충분히 넉넉하고 풍부한 공간을 만들어 내는 능력이다. 크지 않아도 아주 편하고 풍부한 느낌이 들고, 어디나 불편함이 없는 공간, 그런 공간이 적정하고 알맞은 공간이다. 그래서 건축가는 이 적정함을 만들기 위해 걱정하고 걱정하고 적당히 타협하지 못한다.

세 번째 소망:
발가벗고 다녀도 안전한 집
동선과 구조의 변화로
사람과 공간에 생긴 자유

설계를 하면서 건축주와 많은 대화를 한다. 기자가 취재하듯 인터뷰를 하기도 하고, 때론 탐정처럼 탐문한다. 이것저것을 물어보면서 건축주의 성향과 라이프 스타일을 파악하고, 설계를 풀어나갈 실마리를 찾는다.

탐문과 취재를 통해 파악한 우주의 건축주는 한마디로 '보헤미안'이었다. 보헤미안은 전통적인 생활이나 관습에 얽매이지 않는다. 다시 말해 자유분방한 예술가와 같은 성격. 건축주 부부는 유행을 따르는 것을 싫어했다. 남에게 보여 주고자 소유하는 물건은 거의 없었다. 자기 감각과 판단에 따라 결정하길 두려워하지 않았다. 여행을 갈 때도 명성이나 후기가 좋은 곳은 피하고 자신들의 취향에 잘 맞는 곳을 찾고, 옷이나 음식도 알려지지 않은 것을 발굴해서 즐겼.

그런 성격이기에 주변 사람들이 서울에 아파트를 사려고 할 때, 양평으로 이주하여 집을 짓고 살고자 했으리라. 집을 지어 줄 대상을 찾는 방법도 보헤미안다웠다. 집을 짓는 수고로움을 덜어 주지만, 표준화된 집을 만들어 주는 속칭 '하우징 컴퍼니'를 찾거나, 주변에서 추천받은 건축사에게 의지하지 않았다. 오로지 자신들의 눈에 맞는 건축사를 직접 찾아냈다. 인터넷 정보를 모아서 100명의 건축사의 홈페이지와 포트폴리오를 본 다음에 건축사를 정했다고 했다. 물론 그렇게 찾아낸 건축사가 바로 '나'였다.

우주의 건축주가 과감하게 양평으로 올 때만 해도 친구와 친지들은 하나같이 "서울을 왜 떠나?" 하는 반응이었다고 한다. 그런데 자리를 잡자 주변 태도가 바뀌었다. 주말마다 "이번 주에 우리 식구 놀러 가도 되니?" 하며 묻는 연락이 줄줄이 생겼다. 그래서 우주 부부의 집은 일명 '양평 펜션'으로 주말 금, 토, 일 예약자가 항시 대기 중이라고 했다. 심지어 우주를 짓기 전에 살던 집은 여느 도시에나 있는 '빌라'라고 부르는 다세대 주택이었음에도 주변에서 보기엔 그들의 선택이 매력적이었나 보다.

부부는 보헤미안
집은 자유 충만한 곳

"당신에게 집이란 어떤 곳인가요? 어떤 곳이 되었으면 좋겠나요?"

설계안을 만들기 전 대화 중에 내가 물어보았다.

"어우 소장님, 집에서는 발가벗고 다녀도 괜찮아야 해요!"

아내 민 님이 확 지르듯이 대답을 하고, 이어서 남편 준 님이 "우리에게 집이란 안정적인 바운더리 안에서 자유를 느끼게 하는 공간"이라는 정리된 답변으로 마무리했다. 이 문장 안에 '보헤미안 커플을 위한 집이란 어떤 곳이어야 하는가'에 대한 실마리가 들어 있다.

집의 안정적인 바운더리는 공고하고 높은 담벼락이 보장해 준다. 외부에서 들여다보이지도 않고 외부인으로부터 든든히 지켜 준다. 그 안의 별채는 손님과 물리적으로 분리하며 때에 따라 집주인의 독립성을 보장하기에 가장 쉬운 방법이다.

그러나 집에 담을 쌓아서 스스로 폐쇄적인 공간을 만드는 일은 부부의 자유롭고 열린 성격과는 잘 맞지 않았다. 별채라는 것도 양날의 검과 같다. 독립성이 보장되는 반면에 본채와 통합되지 못하기에 비용, 관리, 공간 활용도 등에서 둘만 사는 집에서는 과한 면이 있다.

부부의 자유분방한 성격과 '우주'를 찾는 친구들, 외부인과의 관계를 고려해서, 필요한 것은 '집 안에서의 자유로운 공간 분리'였다. 집 안의 모습도 보헤미안처럼 상황과 필요에 따라 여러 가지로 변화시킬 방법을 생각해 보게 되었다.

물처럼, 공기처럼
순환하는 집

'우주'에는 여러 가지 순환 동선이 있다. 일반적인 집은 현관에서 시작해 복도를 중심으로 공간이 나뉘는 일방향 동선(골목길 스타일)이다. 아파트를 예로 들어, 현관에서 안방을 가려면 거실과 주방 사이의 복도를 지나 들어가게 된다. 그리고 안방에서 나올 때는 갔던 길을 되돌아 나올 수밖에 없는 단순한 동선이다. 이런 경우는 동선이 최소화되어 방이라는 공간을 알차게 쓸 수 있는 장점이 있다.

반면, 우주는 술래잡기를 한다면 빙글빙글 돌아서 안 잡히고 무한히 도망칠 수가 있는 동선이다. 그런 순환 동선이 하나만 있는 것이 아니라 공간마다 여러 가지가 있다. 한 방향의 동선에 비해 동선이 많아서 낭비라고 볼 수도 있다. 우주를 이렇게 만든 이유는 설계 초기 인터뷰 때 건축주가 사용한 언어에서 받은 느낌 때문이다.

'발가벗고 다녀도 좋겠다.'

커튼이나 창문의 방향 조절 같은 소극적인 장치만으로는 부족하다 싶었다. 손님이나 외부인이 방문했을 때 벗고 돌아다녀도 마주치지 않을 수 있는 건축으로 푸는 적극적인 방법을 고민하다 '순환 동선'에 생각이 다다랐다.

구체적으로는 남편 준 님이 집에서 일할 때를 상상했다. 준 님은 공학을 전공한 연구원인데, 코로나19 이전부터 재택근무를 활발히 했다. 연구원의 특성상 집중할 수 있는 업무환경이 필요했다. 화상회의를 할 때도 누군가 갑작스레 들이닥치는 불상사도 막아야 했다. 아마도 많은 사람이 기억할 것 같은데, 영국 공영방송 BBC에서 이런 방송사고가 난 적이 있었다. 대한민국 대통령 탄핵이라는 전대미문의 무게감 있는 뉴스를 전하던 순간이었다. 한국에 머물고 있는 영국인 교수와 화상 인터뷰를 생중계하던 중 방문이 갑자기 열리면서 아기가 들이닥쳐 버렸다. 엄중한 분위기의 뉴스가 코믹뉴스가 되어 버린 사건, 이런 일이 재택근무 중에 발생하면 안 된다.

남편이 집에서 업무를 할 때, 아내 민 님도 자신만의 일상이 있다. 아내는 피아노를 전공하고 레슨을 했기에 수시로 동네 아이들과 학부모님들이 집에 드나들었다. 남편도 아내도 각자의 일상을 보내면서 서로의 손님과 일상에 방해를 받지 않아야 했다.

방이 아닌
영역 나누기

건축에는 '조닝 계획'이라는 개념이 있다. 조닝zoning은 영역이라는 말로 목적과 공간이 눈에 딱 보이도록 구획을 나누는 것을 떠올리기 쉽지만 그보다는 좀 더 추상적인 개념이다. 조닝 계획은 용도나 성격이 비슷한 공간끼리 묶어서 생각하는 것이다. 예를 들어 공연장에 가면 매표소, 로비, 포토존, 객석, 화장실이나 음료를 마실 수 있는 곳이 있는데 이들은 모두 방문객을 위한 영역인 '고객 존zone'에 속한다. 무대, 백 스테이지, 출연자 대기실, 분장실, 무대 장치실, 오케스트라 연습실 등 일반 관람객 이용 공간과 분리된 내부 관계자인 스태프를 위한 존이 구분되어 있다. 우리가 아는 '관계자 외 출입금지'라고 부르는 공간들이다.

이런 개념은 건축설계 기본 중의 기본이다. 병원, 호텔, 컨벤션센터 등의 기능적인 대공간을 설계할 때 반드시 명쾌한 조닝 계획부터 시작한다. 단지 내가 단독주택을 계획하면서도 이런 세세한 조닝 계획을 설명하게 될 줄은 몰랐지만, 설계의 규모가 크든 작든 가장 기초를 확실하게 하는 일의 중요성은 다르지 않다.

우주는 크게 부부가 주로 활동하는 안방, 드레스룸, 서재를 묶은 사적 영역 프라이빗 존private zone, 손님과 공유할 수 있는 키친과 다이닝룸으로 구성된 공적인 영역 퍼블릭 존public zone으로 나뉜다. 일명 '부부 조닝'은 여러 개의 방으로 이루어졌지만, 공간이 연결되어 하나의 큰 안방 영역으로 쓰거나, 또는 각방의 문을 닫아서 구분해서도 쓸 수도 있다. 키친과 다이닝은 큰 홀로 구성이 되어 있고 현관문을 열고 들어서면 첫 번째 만나는 공간이다. 가장 공적인 성격의 공간인 것이다. 여기에 연결된 피아노방과 노천탕, 욕실은 사용하기에 따라 퍼블릭 존으로도 프라이빗 존으로도 바뀐다. 공간을 막고 열면서 다른 조닝으로 연결할 수 있기 때문인데 이때 벽체 안에 숨겨진 슬라이딩 도어가 큰 역할을 한다.

슬라이딩 도어는 미닫이라고 부르는, 말 그대로 옆으로 밀어서 여닫는 문이라는 뜻인데 문을 열어 벽 속에 완전히 숨기면 개방감을 준다. 나는 벽 속에 숨기는 문은 벽과 같은 재질로 하고 문의 주변에 테두리라는 문선이 없는 디테일을 주로 쓴다. 문을 열면 뚫려 있는 공간만 보이고 닫으면 벽으로 막혀 동선을 차단한 것처럼 보이고 싶기 때문이다.

집을 사적 영역과 공적 영역으로 나누는 정도는 건축 계획에는 어디나 필요한 기초사항인데, 우주에는 여기에 특별함을 하나 더했다. 부부의 영역과 손님의 영역을 연결하는 뒷부분으로 눈에 안 보이는

수납과 수집품 전시를 동시에 하는 갤러리

동선을 하나 더 숨겨 두었다. '갤러리'라고 불리는 이곳은 부부의 안방에서 거실을 통하지 않고 노천탕처럼 보이는 욕실로 갈 수 있는 길이다. 이 갤러리를 거치는 동선을 이용하면 손님이 응접실에 있어도 집주인은 안방에서 발가벗고 노천탕 같은 욕실을 이용할 수 있다. 가는 길목에 냉장고가 있으니 맥주 한 캔 꺼내서 가면 금상첨화겠다. 갤러리는 마치 공연장의 백스테이지 같은 공간이라 주방과 다이닝 공간인 응접실에 손님들이 있어도 '관계자'인 집 주인은 자유롭게 돌아다닐 수 있다.

흩어진 기능을
모으는 계획

갤러리는 초기 계획에서는 내부 창고였다. 주택의 살림집에는 다양한 수납이 필요하기 마련이다. 이를테면 침실에는 옷을 수납할 드레스룸이 필요하고, 주방에는 살림살이와 식자재를 보관할 팬트리 등 집 곳곳에 수납이 들어간다. 우주의 의뢰인 부부는 수집품도 꽤 있었다. 여행지에서 사 온 그릇이나 컵, 그림 등등이 모이면 한 자리를 차지했다. 비싼 것은 아니었지만 추억이 깃든 것들이라 소홀히 다룰 수 없었다.

수납과 수집은 빈 벽이 필요하다는 공통점이 있다. 그림은 빈 벽에 걸어야 하고 수납장도 창문이 없는 막힌 벽에 앞에 세운다. 빈 벽이 많은 사람은 부자다. 가만히 생각해 보면 그림이 없어서 보다는 빈 벽이 없어서 집에 그림을 못 거는 사람이 태반일 테다.

수납과 빈 벽은 많으면 많을수록 좋지만 공간마다 따로 할당할 여유는 없었다. 그래서 모든 수납을 한 번에 해결할 공간을 프라이빗 존과 퍼블릭 존 사이의 교집합에 '내부 수납 조닝'으로 만들었다. 처음에는 안방 쪽에는 드레스룸을 주방 쪽에는 팬트리용을 만들어 분리하려고 했다. 둘 다 폭과 길이가 적어도 2미터 정도는 되어야 한다. 하지만 수납의 양이 유동적이고 이왕이면 수집품을 걸어서 전시하는 역할까지 생각하다 보니 공간의 규모를 확정하기 힘들었다. 이런 경우에는 여러 방식으로든 쓸 수 있게 같은 성격을 한 공간에 통합하면 좋다. 그렇게 해서 합체가 된 내부 창고가 생겼다. 그리고 양쪽에서 모두 접근이 가능하도록 동선을 연결하니 안방에서 주방 뒤쪽으로 갈 수 있는 통과 동선이 생긴 것이다.

창고 두 개를 합하니 폭 2.4미터 길이 4미터였는데 방으로 쓰기 모호한 공간이라 '갤러리'로 이름 붙였다. 그곳은 흔히 말하는 빛이 들어오지 않는 '먹방'이다. 공간 구조상 외벽 창이 생길 수가 없었다. 대신 천창을 만들어 빛이 통하게 하고 다락과 연결되는 벽에는 실내 창을 만들었다. 천창은 일반 창보다 두세 배나 비싸다. 게다가 시공을 잘못하면 누수의 위험도 있다. 이런 리스크를 감수하면서 천창을 만들 필요가 있나 싶었지만, 천장으로 창을 내니 공간이 확 살아났다. 먹방은 그저 깜깜하고 갑갑했지만 빛이 쏟아지자 이전에는 보이지 않던 공간의 아우라가 생겼다. 이렇게 모든 단점을 장점으로 바꿔 갤러리라는 이름으로 다시 태어났다.
완성된 갤러리에는 온갖 물건이 상당히 체계적으로 자리 잡혀 있다.

안방 쪽에는 세탁기와 건조기, 중간에는 그릇 수집품을 모아 놓은 찬장이, 주방 쪽에는 냉장고와 냉동고가 있다. 70~80센티미터의 깊이 있는 공간이 필요한 덩치 큰 수납들이 키를 맞춰 자리 잡았다. 반대쪽은 얕은 수납장과 그림, 사진 등 작은 수집품을 전시하고 수납했다. 남에게 보여 주려고 만든 곳이 아니라 정말 자유롭게 부부에게 꼭 필요한 것들은 모아 두고 걸어 두고 지나가면서 챙기는 곳인데 누구에게나 자랑해도 괜찮은 공간이 되었다. 집 안에 발가벗고 다녀도 눈에 안 보이는 순환 동선의 역할은 물론이고.

문은
벽의 일종

사춘기가 되면 자녀들이 자기 방으로 들어가 문을 쾅 닫아 버린다. 문을 닫았을 뿐인데, 마음의 벽이 생기는 느낌이다. 문은 벽의 일종이기 때문이다. 우주에서도 프라이빗 존과 퍼블릭 존을 구분할 때는 벽 속에 숨기는 문으로 닫았을 때 완전한 분리를 암시했다. 반면 한 공간 안에서 의미적인 분리가 필요한 곳은 장지문으로 구분했다.
장지문은 나무로 살을 대고 종이를 붙이는 한옥에 주로 쓰이는 문이다. 나무살인 간살의 간격이나 무늬, 앞뒤 면 중 어느 쪽에 종이를 붙이는지에 따라 문은 의미가 달라진다. 한옥에서는 간살이 외부를 향하고 종이를 붙인 면이 내부로 온다. 부부의 공간 중 서재와 안방 사이의 장지문은, 서재가 안방과 연결될 때는 작은 거실이라는 의미로 서재 쪽으로 간살이 보이게 했다.

필요에 따라 영역을 연결하고 구분하게 만드는 슬라이딩 도어

'우주' 안의 순환 동선과 그것을 조절하는 벽체의 일종인 미닫이문의 역할로 집 안에서 '자유로운 공간 분리'가 가능해졌다. 그러니 일반 집과 다르게 공간이 여러 의미와 역할을 가지며 입체적으로 살아날 수 있었다.

참, 우주에는 딱 한 곳에 여닫이문이 있다. 안방 화장실인데, 공간이 허락한다면 이 역시 슬라이딩 도어를 사용했을 것이다. 슬라이딩 도어는 문을 밀어 벽 안에 문을 수납해야 하니 문의 길이만큼 벽의 공간이 더 필요하다. 반면, 여닫이문은 공간이 좁아도 설치할 수 있다. 그리고 방음도 더욱 잘 된다. 놀랍게도 이에 대한 건축주 부부의 반응은 남달랐다. 안방 화장실이 너무 컴팩트해서 미닫이문을 설치할 길이가 나오지 않았다. 여닫이문을 달아야 할 것 같다는 진단에 그들은 이렇게 답한다.

"그럼 아예 문을 없애 주세요."

안방 화장실에 문을 안 달겠다니 충격적인 요구였다. 화장실 바로 옆이 침대라 프라이버시란 하나도 허락하지 않는 선택이다. 그리고 보니 화장실문을 달지 않은 집 얘기를 어디서 본 적이 있었다. 바로 TV 예능 프로그램 〈효리네 민박〉의 배경인 이효리와 이상순 부부의 제주 집이었다. 이런 취향마저 그들과 비슷했다. 부부의 세계란 방구를 트지 않는 이들부터, 화장실문을 달지 않는 이들까지 다양한가 보다 생각하며 이해하려 노력했다. 하지만 나는 건축가가 아닌가.

내적 자유를 누릴 수 있는 테라스

보편성을 무시할 수 없다. 아무리 생각해도 안방 화장실에는 문이 필요하다. 사적 공간 중에서도 가장 은밀한 공간인 화장실이므로. 여차여차 이러하니 화장실엔 문을 다는 것이 좋겠다고 의뢰인을 설득한다. 일단 성공. 그렇게 우주는 여닫이문도 하나 갖게 되었다.

'집에서 발가벗고 다니고 싶다'는 집주인의 소망을 깊이 생각하다 보니 집 안에서 진정한 자유를 만끽할 수 있는 공간을 만들어 주고 싶은 건축가의 소망이 생겼다. 그렇게 탄생한 공간이 2층 테라스다. 오로지 다락에서만 접근할 수 있으므로, 아는 사람만 올라갈 수 있다. 또한, 지붕 안에 숨겨진 공간이라 동네 주민의 눈에 띄지 않게 외부 공간을 즐길 수 있다. 주변 시선에 구애받지 않고, 일광욕과 야외 요가가 가능하다. 해만 나면 일광욕을 즐기는 서양인들처럼 비키니를 입거나 홀딱 벗고 있어도 됨은 물론이다. 설계하며 발가벗고 테라스에서 요가를 하거나 일광욕하는 모습을 여러 각도로 상상해 보았다. 내 마음이 다 해방되는 느낌이었다. 비록 내 취향은 아니었지만!

네 번째 소망:
요가와 춤,
명상을 할 수 있는 집
다락, 남는 공간이 아닌
살아 있는 공간 만들기

첫 만남에서 외향형인 줄 알았던 민 님이 사실 자신이 내향형이라고 고백했다. 누가 봐도 외향형이라 여길 정도로 활발하게 사람들을 만나지만 집에 와서는 완전히 방전된다고 했다. 건축주 부부는 둘이 함께 있을 때 가장 에너지가 생긴단다. 극히 내향적인 사람들이다.

요가와 춤, 명상은 부부가 같이하는 충전 활동 중 하나다. 둘이 오붓하게 하는 것도 좋지만, 가능하면 여러 사람과 함께하고자 했다. 공간이 허락한다면 네 명 정도 모여 요가를 할 수 있는 넓은 방을 갖고 싶어 했다. 집이 완성되면 요가 클래스도 열고 싶다는 소망까지 전했다. 분명히 처음에는 둘을 위한 요가라고 들었는데, 자꾸자꾸 필요한 집이 커지는 느낌이었다.

요가와 춤, 명상은 기본적으로 빈 공간이 필요하다. 그리고 소도구를 보관할 수 있는 수납 공간도 한편에 마련해야 한다. 많은 도구가

필요하지 않은 활동이나 부부가 사는 집을 방문했을 때 생각 이상으로 꽤 전문적인 갖가지 도구가 구비되어 있었다. 매트도 두께별로 따로 폼롤러도 길이와 경도에 따라 여러 개였다. 해 본 사람은 안다. 간단한 운동이라도 제대로 하려면 필요한 도구가 점점 많아진다는 사실. 거기까진 그럴 수 있다고 생각했지만, 부부의 수준은 남달랐다. 요가 학원에서만 보던 솥단지처럼 생긴 행 드럼까지 있었다. 대체 가정집에 행 드럼은 왜 있는 걸까?

생각 끝에 깨달았다. 취미 부자는 취미를 제대로 준비해서 즐기는 분들이고, 이것을 또 여러 사람과 함께하고 싶어 한다는 사실을 말이다. 또 행 드럼과 도구들 옆에는 명상을 도와주는 그림과 책이 함께 있었다. 작은 요가와 명상 스튜디오에 필요한 것이 이미 다 갖추어져 있으니 그들을 위한 적정한 공간만 처방하면 되었다. 일반 가정집이 아니라 집과 요가 스튜디오가 결합한 집이었지만.

요가룸은
마음의 크기로

'4명이 같이 요가를 할 수 있는 공간'이라는 말을 생각하며, 공간의 크기를 정하는 것이 중요했다. 보통 용도와 수용 인원수가 있으면 공간의 규모가 쉽게 결정된다. 예를 들어 4인용 회의실, 6인용 식사 테이블이 어느 정도일지 그려지는 것처럼 말이다. 그러면 요가를 하려면 공간이 얼마나 필요할까. 요가 매트 자체는 세로 1800밀리미터 가로 600밀리미터 정도다. 사람의 키와 어깨너비 정도라고 생각하면 되는데, 요가 수련 중 누워 있을 때의 폭과 길이가 기준인 것 같다. 여기에 서서 팔을 좌우로 벌려 활동하는 범위까지 생각하면 요가 활동에는 전혀 지장이 없으리라.

요가 공간은 매우 유동적이다. 매트를 엇갈리게 배치하고 사이사이 상황을 봐 가면서 몸을 움직이면 작은 공간이라도 수용 인원이 더 커진다. 몸을 누이고 조금 움직일 공간만 있어도 되고, 큰 공간을 혼자 다 차지해도 괜찮다. 인도 사람들이 자주 하는 말처럼 뭐든 '노 플라블럼'인 것이 요가 공간의 특징이다. 춤추는 공간도 비슷하다. 혼자 넓은 공간에서 춤을 출 수 있어도 좋지만, 여럿이 가득 차 있다면 서로 부딪히지 않게 조금씩 조심하면 된다.

부부가 요청한 4명이 요가도 하고 춤도 출 수 있는 공간에 정해진 치수는 없다. 다양한 가능성을 발현해 줄 공간의 크기가 중요했는데, 모든 걸 한 번에 해결할 수 있는 해결책은 '크고 넓은 다락'이었다. 가로 4.5미터 세로 9미터 약 13평에 해당하는 이 공간은 요가도 하고 춤도 추고 운동도 할 수 있는 곳이다. 이른 아침 일출을 보면서 명상하고 주말에는 손님이 와서 잘 수 있는 곳이다. 이곳을 도면에는 '멀티룸'이라고 명명했다. 그야말로 멀티유니버스를 겹쳐 놓을 수 있는 공간이다. 한두 명이 조용히 요가를 하고, 곧 손님이 몰려와 함께 춤을 추고, 그러다 잠을 잘 수 있는 공간, 영화 〈에브리씽 에브리웨어 올 앳 원스Everything Everywhere All At Once〉처럼 다양한 시공간이 한데 존재하는 그런 모습이 머릿속에 그려졌다.

멀티룸의 주요 역할은 건축주 부부를 위한 요가와 명상을 위한 공간이라 입식보다 좌식 용도다. 1층은 공간마다 용도에 맞는 가구가 갖춰진 입식 공간인데 2층인 다락은 완전한 좌식, 와식 등 다양한 행위가 가능한 공간으로 1, 2층은 다른 기능을 하면서 서로 보완한다.

서비스 공간과
공짜의 차이

2층 멀티룸은 다락은 아닌데 다락의 형식을 취했다. 다락의 형식을 취한다는 말은 건축법상 다락으로 인정되는 높이보다는 높다는 뜻이다. 집 구하기를 콘셉트로 한 방송 〈구해줘! 홈즈〉 같은 프로그램에서 발코니랑 다락은 '서비스 공간' 혹은 '보너스 공간'이라고 말하곤 하는데 이는 건축법상 바닥 면적으로 들어가지 않는다는 뜻이다. 다락은 높이가 평균 1.6미터, 경사 지붕은 평균 1.8미터다. 텔레비전에서 복층 다락으로 나오는 공간을 가면 허리를 펴기 어려워 하는 모습을 보이는 이유다.

서비스 공간이라고 부른다고 집을 짓는 건축주가 공짜라고 생각하면 큰 오산이다. 행정적인 용적률, 건폐율 등의 면적에 들어가지는 않아도 공사비에는 다 포함된다. 집 지을 때 서비스 공간이 많다고 무상으로 확보되는 공간이라 해석하면 공사비로 크게 싸울 일이 생길 수 있다.

그래서 우주의 멀티룸이 왜 다락이 아니고 2층이냐면, 지붕 안의 낮은 부분은 1.2미터이고 높은 부분은 2.4미터라 평균 높이가 1.8미터를 넘기 때문이다. 요가도 하고 운동도 하는, 다양한 활동을 해야 하

는 공간으로는 적절한 높이였다.

2층이라고는 하지만, 엄밀히 말하자면 완전히 층이 분리된 2층이라기보다는 지붕 아래 여유 공간을 활용한 '다락'에 가까운 구조다. 다만 건축법상 높이가 일정 기준을 넘어가면 다락이 아니라 2층으로 분류된다. 이렇게 법적 용어와 일상 언어 사이에는 차이가 있다.

기둥의 쓸모

운동, 명상 등 다양한 활동을 위한 다목적 공간에서는 넓이도 중요하지만, 항상 비어 있는 상태를 유지하는 것이 핵심이다. 그러나 구조공학적으로는 이것이 쉽지 않은 과제였다. 구조적 안정성 확보를 위해서는 멀티룸 한가운데 지붕을 지지할 기둥이 반드시 필요했기 때문이다. 문제는 이 기둥이 실제 사용 시 동선이나 시야를 방해하는 요소가 된다는 점이다.

이 문제는 구조기술사와의 협의를 통해 해결책을 도출했다. 중앙에서 바닥까지 내려오던 하나의 기둥을 중간까지만 내려오는 '동자기둥 단주短柱'로 바꾸고, 수평부재인 대들보를 통해 다락 끝의 두 기둥으로 하중을 분산시키는 구조로 설계한 것이다. 이 구조를 단면으로 표현하면, 기존의 'ㅅ'자 지붕과 'ㅡ'자 바닥 구조가 기둥 'ㅣ'로 중상에 연결, 결합한 '소' 형태에서 지붕과 높은 면과 바닥 사이를 양쪽사이드로 연결한 '쇼' 형태로 변형한 셈이다. 이러한 구조적 원리를 간략하게 설명하는 도식을 다이어그램diagram이라 부른다.

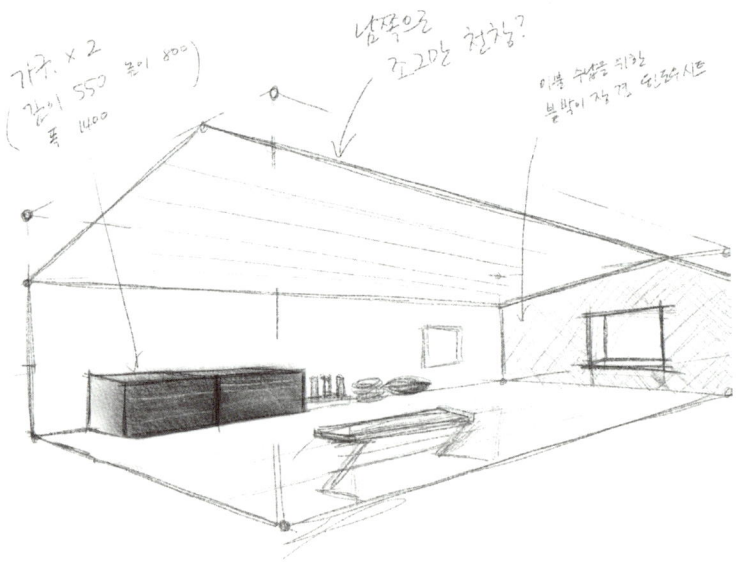

건축주의 스케치에서 출발해 건축가의 해석으로 완성된 멀티룸

완성된 구조에서 기둥 한쪽은 벽체 안에 숨겨지고, 다른 한쪽만 노출되어 난간과 사이에 서 있다. 다른 공간들이 모두 하얀색 페인트로 마감했으나 노출된 구조체인 동자기둥과 한쪽 기둥, 대들보는 목재 결을 살렸고, 인테리어의 중요한 포인트가 된다. 이 집이 목조주택임을 암시하는 거의 유일한 힌트이기도 하다.

멀티룸의 활용성을 고려하여 대들보에는 해먹을 설치하거나 플라잉 요가를 할 수 있다. 머리가 안 닿는 높이에 구조적으로 이를 충분히 감당할 수 있게 설계되었기 때문이다. 이러한 구조적 해결이 없었다면, 저 동자기둥이 바닥까지 내려와 멀티룸 한가운데에 서 있어 무엇을 하든 상당히 거슬렸을 것이다.

다행히 이 공간은 무엇이든 담을 수 있는 여백을 지니면서도, 어떤 활동도 불편함 없이 수용하는 조용하고 담담한 배경으로 완성되었다. 소란스럽지 않지만 중심이 단단한 공간. 그 중심에는 기둥이라는 구조적 조건을 공간적으로 풀어낸 건축가의 해석이 녹아 있다.

건축비를 아껴 주는 건축가
공간은 물론 예산까지 설계하기

앞에서 말한 다락과 발코니 같은 일명 '서비스 공간'의 정체는 무엇일까? 행정상 면적에는 빠지지만 공사비에는 들어가는 이 관계를 한 번 들여다보자. 그러려면 건축이라는 산업 자체에 대한 이해가 필요하다.

명품과
다이소

건축 공사는 인생에서 가장 큰 지출 중 하나다. 그리고 건축가는 건축주의 돈을 어디에, 어떻게 사용할지 함께 결정해 주는 사람이다. 한 가족 일생일대의 지출을 좌지우지하는 직업이라니!
건축을 전공하고 배우고 몸담아 오면서, 건축이 본질적으로 산업적 논리와 비용 구조 위에 서 있다는 사실을 깨달았다. 역사적으로도 건축은 가장 비싼 물건 중 하나였다. 사람이 사고 만들 수 있는 디자인 제품 중에서 덩치도 크고, 가격도 높은 것이 바로 건축이다. 다만 다른 고가의 제품들과 결정적인 차이가 있다. 바로, 건축은 사치품이 아니라 '필수품'이라는 점이다. 특히 주거 공간은 모든 사람이 필요로 하는 보편적인 공간이며, 없으면 살아갈 수 없다. 하지만 필수품이라는 전제 아래서도 건축은 개인의 취향과 디자인이 더해질수록 비용이 천차만별로 달라진다.

예를 들어, 공간 안에서 물을 사용하려면 기본적으로 수도와 배수 설비만 있으면 된다. 하지만 수도꼭지만 봐도 철물점에서 파는 만 원짜리가 있는가 하면, 해외 장인이 만든 수백만 원짜리 수전도 있다. 건축은 이러한 차이를 극단적으로 반영하는 분야다. 쉽게 말해, '명품'과 '다이소'로 나뉘는 세계다.

'다이소 건축'은 비바람을 막고 최소한의 안전 조건을 충족하는 가성비 좋은 건축이다. 반면 '명품 건축'은 유명 디자이너의 손길과 값비싼 재료, 개성 있는 취향이 더해진 건축의 세계다. 하지만 명품이든 다이소든 그 설계는 결국 건축사가 해야 한다. 그리고 건축사가 어떻게 설계하느냐에 따라 건축비의 변화 폭은 상당히 커질 수 있다.

돈 아껴 주는 건축가

건축가의 역할 중 하나는 건축주의 비용을 줄일 수 있는 방법을 찾는 일이다. 알고 있었는가? 첫 번째 방법은 이왕 쓸 돈을 제대로 쓰게 해

주는 것이다. 건축은 한 번 시작하면 되돌리기 어려운 과정이기 때문에, 계획의 번복 없이 처음부터 치밀한 설계를 하는 일이 중요하다. 실수나 하자로 연결되지 않도록 철저히 계획하는 일은 전문가로서 기본 중의 기본이다.

또한, 돈을 더 가치 있게 쓰려면 공간의 양과 질의 완급을 조절해야 한다. 힘을 줄 곳에는 과감하게 투자하고, 불필요한 부분은 덜어 내면서 균형을 맞춰야 한다. 같은 비용이라도 디자인과 설계에 따라 공간의 완성도가 달라진다. 단순히 구조만 계획하는 것이 아니라, 인테리어, 조명, 가구, 색상과 질감까지 고려하여 조화롭게 설계해야 한다.

미래의 확장성과 변형까지 고려하는 것도 중요한 전략이다. 애초에 증축이 가능하도록 구조를 계획하면 필요할 때 자연스럽게 공간을 확장할 수 있다. 반대로 계획 없이 주먹구구식으로 집을 짓고 나면 추가 공사가 이어지면서 누더기 같은 건물이 되거나, 계속되는 스트레스로 10년은 늙어버릴 수도 있다. 건축가는 단순히 집을 설계하는 사람이 아니다. 건축주가 보다 효과적으로 돈을 쓰고, 더 나은 공간을 만들도록 돕는 조력자다

공간도 세금을 내나요?

건축주의 재산 낭비를 막는 또 다른 방법은 세금 줄이기다. 부동산 시장과 관련 뉴스를 살펴보면, 사람들은 대부분 '몇 평에 얼마'라는 면적과 금액에만 관심을 갖는다. 이는 모든 건축물과 부동산이 면적

을 기준으로 세금을 부과하고, 거래 역시 면적으로 이루어지기 때문이다. 면적을 기준으로 세금을 매기는 일이 지금은 당연하게 여겨지지만, 역사적으로 보면 꼭 그렇지만은 않았다.

17세기 영국과 프랑스에서는 건축물의 세금 부과 기준이 '창문 개수'였다. 이 때문에 부자들은 넓고 많은 창을 원하면서도 높은 세금을 피하려고 가짜 창을 만들었다. 외부에서 보면 창처럼 보이지만, 사실은 단순한 장식이었다. 건축가들은 이러한 요구를 반영해 세금을 피하면서도 건물주의 과시 욕구를 충족시키는 방법을 찾아냈다.

한편, 네덜란드에서는 건물의 '정면 폭'에 따라 세금을 부과했다. 그래서 폭이 좁고 뒤로 길쭉하며, 위로 높이 솟은 집이 많아졌다. 하지만 아무리 폭을 줄여도 현관과 계단은 필수다. 계단은 한 단을 디딜 때마다 수직 공간은 물론 수평 공간도 차지한다. 즉, 한 단마다 성인의 발 하나가 놓일 정도의 길이인 약 250~300밀리미터가 필요하다. 따라서 디딤판의 깊이를 줄이고, 한 단의 높이를 높이면 전체 계단이 차지하는 면적을 줄일 수 있다. 계단 디딤판이 극단적으로 짧아지고 단 높이가 높아지면 사다리가 된다. 사다리를 일상적인 계단에 쓸 수는 없으니 네덜란드의 계단은 유난히 가파르고 단수가 적었으며, 마치 기어 올라가야 할 듯한 형태가 되었다. 이 때문에 '네덜란드에서는 부동산 세금을 계단 단수로 매겼다'라는 속설까지 생겨났다. 당시 건축가에게는 폭이 좁아도 불편하지 않은 집을 설계하고, 최소한의 공간으로 계단을 설계하는 것이 중요한 능력이었다. 결국, 계단 단수를 줄이는 것이 건축주의 세금을 줄이는 일이었던 셈이다.

우리나라의 부동산 세금은 집이 차지하는 공간의 크기인 체적이 아니라 평면의 크기인 바닥 면적과 연동된다. 다시 말해, '면적당 공시가격'에 '전용면적'을 곱해 집 전체의 공시가격을 산출, 세금의 기준으로 삼는다. 주택 관련 세금 혜택 중 가장 강력한 것은 전용면적 85제곱미터 이하인 '국민주택'으로 허가를 받는 방법이다. 국민주택으로 인정되면 부가가치세와 농어촌특별세 면제, 재산세 감면, 청약과 대출 우대 혜택이 주어진다. 심지어 건축설계 비용의 부가가치세도 면제다.

하지만 85제곱미터(약 25평)는 한 가족이 살기에 다소 협소할 수 있다. 이럴 때 서비스공간을 활용한 설계를 하면, 원하는 공간을 확보하면서도 세금 혜택을 누릴 수 있다. 예를 들어, 내가 설계했던 '운중동 국민주택, 집 속의 집'은 이 전략을 극대화한 사례다. 등기상 면적은 84제곱미터로 국민주택 요건을 충족했지만, 실제 사용 가능한 공간은 거의 두 배에 달했다. 두 개의 다락, 확장된 발코니 두 곳, 지하 공간을 적극 활용한 덕분이었다.

서두에 밝힌 100개의 100제곱미터의 다양한 집을 짓고 싶다는 나의 막연한 생각은 국민주택 85제곱미터라는 개념을 만나면서 더 구체화될 수 있었다. 건축가는 단순히 공간을 설계하는 사람이 아니다. 세금까지 고려한 전략적 설계를 통해 건축주의 재산을 보호하는 역할도 한다.

건축가는
건축법의 전략가

"건축사님, 건축비 대출 관련해서 아시는 정보가 있을까요? 공사비가 예상보다 더 들어갈 수도 있고, 대비 차원에서 여유 자금을 마련할 방법이 있는지 알아두려고요."

설계하다 보면 한 번쯤 꼭 듣게 되는 질문이다. 그럴 때면 "약은 약사에게, 대출은 은행에"라고 농담처럼 답하곤 하지만, 사실 건축사로서 대출이 아닌 건축법을 활용해 건축비를 절감하는 방법은 알고 있다. 앞서 말했듯 현재 공간에 부과되는 세금은 면적을 기준으로 한다. 그런데 건축법의 면적 산정 기준을 자세히 들여다보면 이를 유리하게 활용할 수 있는 몇 가지 포인트가 있다. 예를 들어, 우주에서는 실사용 면적이 156제곱미터(약 47평)이지만, 허가상의 면적은 130제곱미터(39평)에 불과하다. 이는 어떻게 가능했을까? 발코니 확장을 적극적으로 활용했기 때문이다. 덕분에 실제 면적의 18퍼센트에 해당하는 8평을 추가로 확보하면서도, 허가 면적을 줄여 세금 혜택을 받았다.

특히 우주의 건축주는 농어촌주택 개량 공사 지원비가 절실한 상황이었다. 이 지원비를 통해 1억 8000만 원을 연 2퍼센트의 저렴한 금리로 30년간 상환하거나 3년 거치 후 17년간 상환하는 방법 중 하나를 선택할 수 있었다. 부족한 건축 자금에 단비 같은 혜택이었다. 다만 이 대출을 받으려면 주차장을 포함한 연면적을 150제곱미터 이하로 맞춰야 했다. 원하는 공간을 확보하면서도 대출 조건을 충족시키기 위해, 발코니 확장으로 실내 활용도를 극대화한 것이다. 그렇다면 이 전략이 만들어 낸 금융 효과는 얼마나 될까?

1억 8000만 원을 연 2퍼센트 금리로 30년간 빌릴 수 있다는 것은, 우주 준공 당시 기준금리 약 3.5퍼센트 대비 연 1.5퍼센트포인트 낮은 혜택을 받는다는 의미다. 보통 시중은행의 고정금리 주택담보대출은 기준금리보다 2퍼센트포인트 가량 높으니 시중금리보다 3.5퍼센트포인트 가량 낮은 이자율의 대출을 받은 셈이다. 이를 단순 계산해 보면, 매년 630만 원의 이자 비용을 절약할 수 있고 매달 52만 5천 원을 아낄 수 있으며 매월 52만 5천 원을 30년간 적금을 붓는다고 가정하면 30년 후에는 3억 원 가량의 목돈이 생긴다.

가장 직접적인 비용 절감 요소는 공사비에 붙는 부가가치세다. 단독주택은 연면적 200제곱미터 이하라면 건축주가 직접 시공하는 '직영공사'를 선택할 수 있다. 이 경우 시공사에 내야 하는 관리비와 이윤, 거기에 붙는 부가세까지 쏙 빠지니 꽤 알차게 절약된다. 물론 자재나 외부 인건비에는 여전히 세금이 붙지만, 어쨌든 공사비가 억대니 아낀 세금은 몇 천만 원 될 것이다. 이렇게 아낀 세금과 비용을 활용해, 실력 있는 건축사에게 탄탄한 설계를 맡기고 공사 과정도 꼼꼼하게 감리 받는 것이 결국 더 현명하고 경제적인 선택이 된다. 이 정도면 이제 이렇게 말해도 되지 않을까?

"공사비를 깎아 드릴 순 없지만, 3인분 같은 2인분짜리 집은 만들어 드릴 수 있습니다."

건축주를 위한 건축가의 조언
나에게 맞는 건축가와 땅을 찾는 방법

1

집을 짓는 일은 단순한 시공이 아니라 삶의 방식과 철학을 공간 안에 녹여 내는 일이다. 그래서 좋은 건축가는 단지 설계도를 그려 주는 전문가가 아니라, 집을 함께 만들어 가는 신뢰할 수 있는 파트너여야 한다. 단순히 유명하다고 해서 나에게 맞는 건축가가 되는 것은 아니다. 오히려 자신의 삶의 방식, 취향, 가치관과 얼마나 잘 맞는지가 훨씬 중요하다. 다음 항목들을 순서대로 참고하면 나에게 어울리는 건축가를 찾는 데 도움이 된다.

건축가 찾기 1. 포트폴리오 살펴보기
건축가가 어떤 스타일의 공간을 만드는지, 어떤 주제에 집중해 왔는지를 가장 직관적으로 보여 주는 자료가 포트폴리오다. 사진 중심으로 구성된 작업물을 보면 건축가의 디자인 취향과 공간 구성 방식이 드러난다. 자신의 생활 방식이나 감성, 원하는 집의 분위기와 맞는지 확인해야 한다. 대부분의 건축가들은 홈페이지, 건축 전문 웹진, SNS를 통해 포트폴리오를 공개하고 있으므로 쉽게 찾아볼 수 있다.

건축가 찾기 2. 건축가의 글 읽기
건축가가 공간을 어떻게 바라보는지, 사람과 집의 관계를 어떻게 해석하는지, 설계에 담고자 하는 철학은 글을 보면 더 선명하게 알 수 있다. 블로그 글, 언론 기고문, 건축 설명서 등 다양한 매체에 담긴 글을 읽어 보면 건축가의 성향과 가치관을 이해하는 데 도움이 된다. 건축가의 생각이 자신의 고민이나 바람과 얼마나 맞닿아 있는지를 따져 보는 것이 중요하다.

건축가 찾기 3. 직접 만나 상담하기
포트폴리오와 글을 통해 관심이 생겼다면, 직접 만나 이야기해 보는 것이 다음 단계다. 설명이 논리적이고 명확한지, 경험이 느껴지는지, 그리고 무엇보다도 나의 이야기를 경청하고 신뢰를 주는 사람인지 살펴보아야 한다. 집 짓기는 긴 시간 동안 이어지는 협업이므로, 신뢰 관계가 형성되지 않으면 과정 자체가 어렵고 불편해질 수 있다.

좋은 건축가는 단순히 공간을 설계하는 전문가가 아니라, 건축주의 삶을 존중하고 함께 고민하는 동반자다. 나의 이야기를 잘 들어 주고, 그것을 공간 언어로 정성스럽게 번역해 주는 사람이야말로 좋은 건축가다. 건축가를 찾는 순간부터 집 짓기는 이미 시작된 셈이다.

나에게 맞는 대지 찾기

땅도 운명이 있다. 주소나 지번만 보고도 그 땅이 어떤 운명을 타고났는지 짐작할 수 있다. 건폐율, 용적률, 지구단위계획, 고도제한 등 법적 조건들이 이미 그 땅에 어떤 집을 지을 수 있을지 미리 정해 놓기 때문이다. 이를 '법규 검토'라고 부르며, 마치 사람의 생년월일로 사주를 풀듯이 땅이 타고난 방향성과 가능성을 읽어 내는 과정이다.

하지만 해석은 언제나 사람의 몫이다. 같은 사주라도 점쟁이에 따라 다르게 풀이되듯, 같은 땅이라도 건축가가 누구냐에 따라 전혀 다른 결과물이 나올 수 있다. 예컨대 역마살을 요즘에는 '세계로 나갈 운'이라 풀이하듯, 불편할 것 같은 경사지도 입체적인 공간을 만들어 낼 기회가 되기도 한다. 결국 중요한 건, 땅의 가능성을 읽어 내는 능력이다. 그 운명은 정해져 있지만 그 해석은 건축가의 몫이다.

이처럼 땅의 운명을 읽는 것은 건축가의 역할이지만, 그 이전에 '그 땅을 선택하는 일'은 온전히 건축주의 몫이다. 그래서 '땅은 인연'이라는 말을 한다. 집을 짓고 살고 싶다면 자신과 가족의 삶에 맞는, 즉 우리가 살 만한 곳을 찾는 일이 가장 중요하다. 이 이유만 잘 전달되면 이후의 설계와 해석은 건축가가 충분히 책임질 수 있다.

그렇다면 좋은 땅은 어떻게 고를 수 있을까? 좋은 땅을 고를 때, 위치나 가격뿐만 아니라 그 땅이 놓인 도시적 맥락과 환경을 함께 고려해야 한다. 대체로 대지는 크게 세 가지 유형으로 나눠 볼 수 있다.

대지 후보 1. 이미 개발이 완료된 도시 내 땅
서울과 같은 도시에 위치한 땅은 대중교통, 학교, 병원 등 생활 편의성이 뛰어나고, 인프라가 잘 갖춰져 있다. 기반시설이 이미 갖춰져 즉시 건축이 가능하다는 점은 장점이지만 가격이 매우 높고, 협소하거나 형태가 불규칙한 대지가 많아 설계의 자유도가 떨어질 수 있다. 그만큼 설계에서 창의적인 접근이 많이 요구된다.

대지 후보 2. 외곽 도시나 신도시 내 단독주택 단지
계획적으로 조성된 지역은 일조, 조망, 배치 조건 등이 우수하다. 이웃 간 간격이 넓고 쾌적한 주거 환경을 제공하지만, 일부 단지에는 디자인 가이드라인이 있어 건축에 제한이 있을 수 있고, 상업시설이나 도시 중심과의 거리, 생활 인프라 수준은 지역마다 차이가 있다. 예를 들어, '온당'은 판교의 주택 단지에 위치한 집으로, 네모반듯한 평지에 설계가 자유로웠다.

대지 후보 3. 기존 마을 안에 위치한 땅
읍·면 단위의 기존 마을 안에 위치한 땅은 자연에 가까운 환경에서 여유 있는 삶을 원하는 사람들에게 매력적이다. 넓은 땅을 비교적 저렴하게 구할 수 있고, 이웃과의 관계를 통해 공동체적 삶을 느낄 수 있다. 그러나 농지나 임야일 경우 인허가가 까다롭고, 상하수도나 전기 등의 기반시설이 부족하다면 추가 비용이 발생한다. '평담재'와 '우주'는 이런 환경에서 탄생한 집들이다. 마을 공동체 안에 들어가려면 주변과의 관계를 잘 살펴야 하며, 택지로 개발되지 않은 땅은 토목 공사비를 고려해야 한다.

결국 좋은 땅이란, 삶의 방식과 건축의 방향, 예산과 현실이 균형을 이루는 곳이다. 입지 유형마다 장단점이 분명하므로 '어떤 집을 지을 것인가' 보다는 '어떤 삶을 살고 싶은가'를 스스로에게 물어보는 데서 출발해야 한다. 그 답이 명확해질 때, 비로소 땅과의 인연도 눈에 들어오기 시작한다.

2

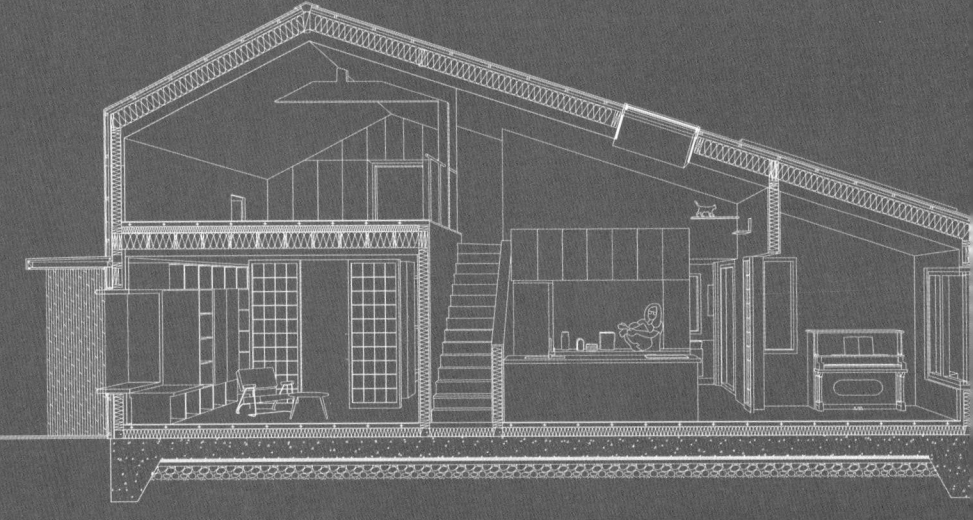

더불어 나누는 소망을

실현하는 집

다섯 번째 소망:
방문하는 친지와 재밌게 보낼 수 있는 집 (장기 투숙은 곤란)
수평적인 영역분리, 수직적인 공간분리의 묘미

다락은 요가와 춤, 명상을 할 수 있는 공간이자 손님을 위한 게스트룸 역할을 하는 멀티룸으로 만들었다. 우주가 완공되면 손님들이 자주 찾을 것이라고 했다. 손님과의 관계에서 우주 부부의 요구는 이렇다.

"손님은 언제나 반가워요. 그리고 이왕 오는 손님이니 편하게 쉬다가 갔으면 좋겠어요. 그런데요, 너무 편해서 장기 숙박인 '장박'으로 이어지면 곤란해요. 저희도 생활이 있으니까요."

부부는 외향적이고 사교적으로 보이지만, 사람들과 있을 때는 기운을 빼앗기고 둘만의 조용한 시간을 보내면서 충전할 여유가 꼭 필요한 사람이다. 일상에서도 관계에서도 모두 균형이 필요하다. 그래서 그런 말이 있나 보다. '손님이 오면 반갑고, 가면 더 반갑다!'

건축주 요구에 숨은 양면성

집 설계를 하며 의뢰인의 요구사항을 듣다 보면 이런 복잡한 심리를 만날 때가 종종 있다. 아니 사실 온통 모순투성이다. 인간의 마음이 원래 그렇하듯 말이다.

'온당'은 실은 두 살 터울의 아들을 키우는 친구의 집이었다. 설계할 때 다락까지 3층인 집이라 계단의 위치가 제일 중요했다. 처음 계획안은 현관에서 들어와 곧장 2층으로 갈 수 있는 설계로 공간 낭비가 없고, 각 층의 독립성을 살린 계획이었다. 이를 본 친구의 남편은 이런 요구를 하였다.

"현관에서 계단으로 바로 갈 수 없게 해 주세요. 애들이 드나들 때 집에서 다 알 수 있게, 꼭 거실을 통해서 들어오고 나갈 수 있게요. 그리고 방과 방이 연결되어 애들 방에서 나는 소리를 들을 수 있게 해 주세요."

공간에 대한 마음의 처방까지 중요하게 생각하는 공간주치의라면 맥락과 의미를 잘 파악해서 의도를 구현하여 불편함이 없게 조율해야 한다. 이런 요구사항은 듣기에 따라 '감시, 통제'라는 단어가 연상되었다. 요청을 한 친구 남편의 의도는 달랐다. 남동생과 함께 아들만 있는 집안에서 자란 그는 아들이 크면 아버지와 멀어진다는 사실을 잘 알고 있었다. 하지만 자신의 아이들이 사춘기가 되어 독립성이 생길 때도 가족 사이가 너무 멀어지지 않길 원했다. 그래서 가능한 집에 있는 동안 가족이 함께하는 분위기를 만들며, 당시 세 살과 다섯 살인 아이들이 잘 때나 놀 때 나는 소리에 민감하게 대응할 수 있는 공간을 만들고 싶어 했다. 부모의 마음을 담은 요청사항이었다.

숨겨진 마음마저 공간으로 번역하여 설계에 담는 노력은 건축가의 의무다. 친구 부부의 마음을 읽은 뒤 온당의 계획안을 대폭 수정하였다. 계단 위치를 집 중심으로 이동하고 더 여유 있게 만들었다. 계단 변화로 세 개 층 전반에 시각적, 청각적 소통이 원활해졌다. 그리고 가족의 수면 공간을 2층으로 집중시키되 부부와 자녀의 방 사이에 공유하는 공간을 넣어 적당한 거리감을 줄 수 있게 하였다. 문을 살짝만 열어 두어도 소리는 들리고, 그 문이 닫히면 아이나 부부나 프라이버시는 보호가 될 수 있게 말이다. 아이들은 자라니 곧 독립성이 필요할 테며, 부부는 셋째를 계획하고 있을지도 모르는 일이니까.

우주 건축주의 양면적인 요구사항인 '자주 오는 가족들과 친구들이 재밌게 보낼 수 있게! 하지만 너무 편해서 장기 투숙까지는 곤란'에 대한 건축가의 솔루션은 유명한 예능프로그램 이름과 같다.

'1박 2일! - 부제: 우주는 너에게 줄게. 하지만 하룻밤만이야.'

딱 1박만, 있는 동안은 편하게 지낼 수 있는 집. 부부의 요구도 그랬다. "워낙 친한 사람들만 와서 자고 가요. 그래서 저희가 방 안에 있어서도 손님들끼리 냉장고를 열어서 식사도 하고 게임도 하고 놀다 가요." 손님이 오고 같이 저녁을 먹고 부부가 먼저 자러 가면 손님들은 늦게까지 노는 모습이 그려졌다. 이왕 온 손님이니 편하게 있으려면 서로 드나듦이 신경 쓰이지 않고, 먹고 마시는 것도 편해야 한다. 안방과 분리된 화장실도 필요함은 물론이다.

손님의
영역

본래 살던 집의 구조를 살펴보면 손님이 왔을 때 불편한 부분이 무엇인지 알 수 있다. 안방 건너편의 요가 방은 게스트룸을 겸하고 있었다. 운동을 위한 공간이라 몇 가지 도구를 제외하곤 비어 있어야 하는 방이라 손님에게 내어 주기에 자연스러웠다. 그런데 문제는 손님방이 집주인의 영역이라 볼 수 있는 거실 안쪽 프라이빗 존에 있다는 점이다. 그러니 친하다고 해도 불편함이 있다. 보통 손님방은 현관에 가까운 방을 내어 주는 이유다. 손님과 집주인과의 독립적인 영역을 가지되 식사와 대화를 하는 거실은 공유가 편리하기 때문이다. 그런 의미에서 말하자면, 전에 살던 집은 조닝 분리가 안 된 전형적인 모습이다.

우선순위 첫 번째는 손님방과 부부 영역의 분리다. 강아지, 고양이도 영역을 나눠 주듯 사람도 주인과 손님 영역이 구분되도록 설계했다. 그렇다면 손님의 공간은 어디에 있어야 할까? 가끔 오는 손님을 위해 작은 집에 전용공간을 만들 필요는 없었다. 다목적 공간인 2층 다락 멀티룸이 게스트룸을 겸하기로 한다.

멀티룸은 4~6명이 요가를 해도 충분한 크기라 두 가족이 와도 아주 넓게 쓸 수 있다. 게스트를 위한 공간에는 사계절 이불과 손님 물건을 보관할 수납 공간이 필요하다. 멀티룸의 동쪽 창의 윈도우 시트는 깊은 수납이 가능해 이 모두를 넣기 충분하다.

손님방인 멀티룸의 또 다른 장점은 2층이라 주인 부부 공간과 수직적으로 조닝 분리가 된다는 점이다. 하지만 우주의 멀티룸은 벽으로 구획된 독립된 방이 아니라 1층의 공용 공간인 거실, 주방과도 연결된다. 그래서 부부가 방으로 들어가면 우주를 다 손님에게 내어준 것과 같다. 우주에 있는 작지만 호사로운 노천탕 느낌의 욕실도 손님이 오면 손님 공간이 된다. 부부는 손님을 위해 좋은 입욕제도 준비해 두고 코너 창을 활짝 열어 돌을 보면서 목욕을 즐기라고 체험 가이드까지 잘 전해 준다. 부부가 좋아했던 료칸 여행의 경험을 담아 만든 공간을 손님들에게 선물해 주는 것이다.

이렇게 하루 저녁을 잘 보내고 아침이 되면 상황이 달라진다. 부부는 아침형 인간이라 일출과 함께 일어나 차를 내리고 식사를 준비한다. 손님이 있는 멀티룸은 방처럼 문을 닫을 수 있는 구조가 아니라 거실과 주방에서 일어나는 소리가 전달된다. 호텔처럼 '방해하지 마시오 Do Not Disturb'를 내걸고 소통을 거부할 수 있는 환경이 아니므로 마냥 게으름을 피우기 쉽지 않다. 자연스레 아침 식사를 함께하고 주인에게 집 주변에 산책하기 좋은 코스, 먹거리 등을 알차게 안내를 받고 자기도 모르게 퇴실하게 된다. 부부는 방해 없는 일상을 맞이함은 물론이다. 딱, 1박 2일 즐겁게 지내기 좋은 곳이다.

부부의 영역

영역 분리에서 가장 신경 쓴 부분은 부부를 위한 사적인 공간이다. 손님방인 멀티룸 아래 똑같은 크기의 부부 공간이 자리한다. 서재, 드레스룸, 침실과 욕실, 그리고 뒷마당으로 나가는 문까지 있다. 부부 영역은 그들이 원하는 요소를 모두 담아낸 '우주'의 축소판이다.

새집에 대한 소망은 분명했다. 아침 해가 뜨는 모습을 보며 눈을 뜨고 싶다는 것. 그래서 안방 침실은 동쪽 창을 크게 냈다. 안방과 연결된 서재는 전망이 좋은 서쪽을 바라본다. 두 방 사이에는 양쪽 복도를 두고, 장지문 슬라이딩 도어를 설치해 열고 닫으며 자유롭게 순환하는 공간으로 만들었다. 이렇게 구성된 서재는 집에서 가장 가변적인 공간이다. 부부의 작업실이 되기도 하고, 손님을 맞이하는 사랑방이 되기도 한다. 안방과 서재를 잇는 두 짝의 장지문은 그 변화를 가능하게 하는 비밀의 열쇠다. 장지문을 닫으면 하얀 벽이 드러나는데, 여기에 빔 프로젝터를 쏘면 영화관이 되고, 닌텐도를 연결하면 게임룸으로 변신한다.

또 서재는 거실과 주방 사이의 중간 영역에 있어, 문을 닫으면 부부만의 아늑한 거실이 되고, 문을 열면 친구와 가족이 함께 즐길 수 있는 엔터테이닝룸으로 확장된다. 더불어 안방에는 북쪽으로 난 별도의 출입문이 있어, 어떤 경우에도 부부는 방해받지 않고 편히 쉬거나 각자의 시간을 가질 수 있다.

장지문을 닫으면
둘만의 공간이 되는 서재

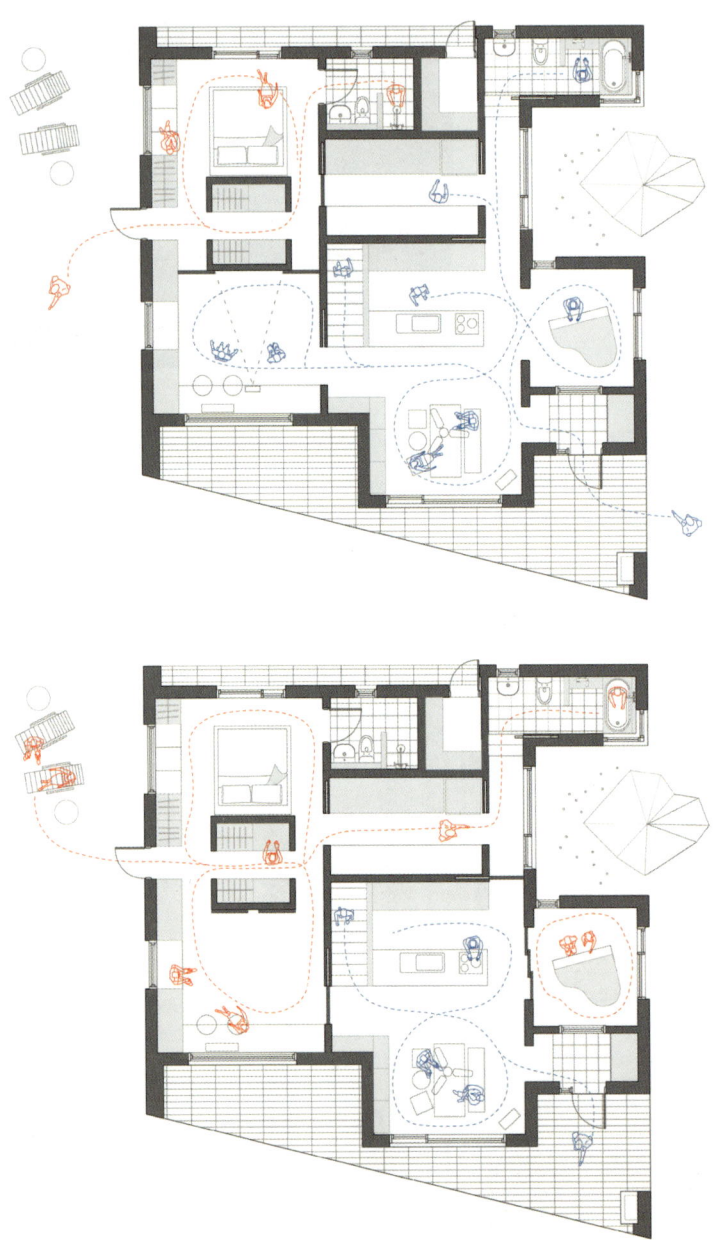

파란색은 외부인, 빨간색은 부부의 동선으로
시시때때로 변화하는 공간

모두를 위한 공간은
보답한다

우주에는 소파가 없다. 부부의 이전 집에도 소파는 없었다.

"집에 소파가 없네요? 어디에서 쉬세요?"
"빈둥거리는 것이 체질에 맞지 않아서요. 저희는 소파 없이 잘 삽니다."

설계하며 소파가 없어도 되는지, 일반적인 거실이 없어서 불편 한 점에 대해 건축주와 대화를 했다. 그때 나의 질문과 염려는 한국이라면 누구나 좋아하는 소파에 누워 뒹굴뒹굴하는 게으름 피울 수 있는 공간이 없다는, 즉 긴장감이 풀어지는 공간이 없다는 점이었다.

건축주는 체질상 낮잠이 맞지 않다고 했다. 소파에 누워서 텔레비전을 보며 빈둥대는 것은 좋아하지 않는다고 했기에 소파 없이도 살 수 있는 사람이 있으리라고 철석같이 믿고 소파 없는 집으로 완성을 했다. 그런 뒤 집을 지어 놓고 보니 다락이 모든 뒹굴뒹굴과 멍-때림의 공간을 대신해 주고 있음을 깨달았다.

부부는 손님 없는 주중의 며칠은 다락에 이불을 깔고 잔다고 했다. 침실의 편안함과 다른, 다락에서만 느끼는 매력이 있다고 한다. 침실은 푹신한 침대가 있지만, 밀폐된 공간이라 어떤 땐 조금 답답하다. 반면, 벽 없이 뻥 뚫린 다락은 자유롭다. 그래서 부부는 넓은 다락을 큰 침실처럼 사용한다. 뒹굴뒹굴 두 팔다리를 뻗고 마음껏 움직인다.

난방이 되는 다락 바닥은 뜨끈뜨끈하게 달궈진다. 특히, 겨울엔 따뜻한 다락에 누워 차가운 귤을 까먹기도 한다. 누우면 천창 너머로 별도 보인다. 잠들기 전까지 하늘에 뜬 별을 감상한다. 나누기 위해 만든 공간이 부부에게도 선물처럼 새로운 즐거움을 주었다.

무위의 공간인 다락은 꽉 짜인 집 안에 큰 숨통이 되어 주었다. 바람이 잘 통하고, 시선이 여러 곳으로 확장되고, 따뜻한 방바닥을 즐길 수 있다. 동, 서, 북으로 향한 창은 높이가 낮아 사람을 차분하게 만든다. 오랫동안 설계를 하면서 깨달은 몇 가지가 있다. 그중에 하나는 집을 지을 때 100퍼센트 남을 위한 공간이나 100퍼센트 나를 위한 공간은 잘 작동이 안 된다는 사실이다. 내 공간의 일부를 남에게 내어 주고 일부는 맞춰 가야 집이 훨씬 편안해진다.

집을 설계하고, 공사할 때 건축주만큼이나 지인들의 관심도 뜨거웠단다. "집 언제 완성되니?", "집에 뭐 선물해 주면 되니?"라고 물으며 내심 언제 놀러 가면 되는지 간을 보느라 친구들도 바빴단다. 그들은 지금도 심적으로 육체적으로 부부의 큰 서포터즈이다. 크리스마스 트리 장식을 달 때나, 담장에 페인트를 다시 칠해야 할 때나 집 안을 돌보는 일에 적극적으로 도와주고 있다. 손님에 언제든지 내어 주는 집을 만든 뒤, 그들은 언제든지 손님으로부터 정서적 물리적 도움을 받고 있다. 부부는 나에게도 적극적으로 언제든 우주에 와서 자고 가라고 했다. 새로 개발한 요리 메뉴나 갖춘 와인리스트를 대면서.

"소장님 언제든지 오세요. 와서 우주가 얼마나 좋은지 느껴 보세요. 아시죠? 대신 1박 2일이라는 거. 2박은 안 돼요! 하하."

여섯 번째 소망:
피아노 레슨을 할 수 있는 집
집의 확장과 변신으로
커지는 즐거움

"집에 그랜드 피아노를 들일 수 있을까요?"

피아노를 전공한 안주인 민 님은 그랜드 피아노를 집에 들이는 것이 소망이었다. 그래서 우주 완성 뒤 언젠가 들여 올 베이비 그랜드 피아노를 위한 공간이 있었으면 했다. 베이비 그랜드 피아노는 정식 그랜드 피아노보다 길이가 좀 짧고 그만큼 금액도 경제적이다.

아내의 로망 공간
그랜드 피아노

설마 일반 가정집에 그랜드 피아노를 들이려나 하는 의구심이 들었다. 그런 생각을 했던 것은 내가 아주 보통의 교육을 받고 자란 사람이기 때문이다. 초등학교 때 동네 피아노 학원에서 바이엘을 떼고 체르니 몇 번을 좀 치다 피아노와 서서히 멀어져 입시에 파묻힌 범인이다 보니 그랜드 피아노가 있는 집에 대한 고정관념 가지고 있었다. 신문이나 텔레비전에서 보는 유명 연주자의 연습실이 먼저 떠올랐다. 사방에 창이 없고, 계란판 모양의 검은 스펀지 같은 흡음 시설이 된 스튜디오 같은 이미지 말이다. 혹은 호텔 로비처럼 큰 공간에 멋지게 스포트라이트를 받으며 놓인 그랜드 피아노 같은 대단한 집이 떠올랐다. 완전한 관상용, 인테리어 오브제인 그랜드 피아노 말이다. 물론 아예 연주를 안 하진 않겠지만. 주 용도는 공간의 분위기를 만들어 주는 장식이렸다.

우주의 그랜드 피아노는 전혀 달랐다. 민 님은 서른 중반을 갓 넘어선 비교적 젊은 나이에 암 투병을 하고 발병 없이 5주년을 맞이하기 직전이었다. 암은 치료 후 5년 사이 재발이 없으면 완치로 본다. 다른 사람도 아니고 암 완치를 앞둔 의뢰인의 소망이 '그랜드 피아노 있는 집'이라는데, 그들의 새 삶을 응원하는 집을 설계하는 건축가의 입장에서 꼭 실현해 주고 싶었다.

완벽한 연주 스튜디오를 만들기 위해서는 방음뿐만 아니라 방진도 중요하다. 음은 음파라는 진동을 통해 전달된다. 그래서 연주실은 진동을 막기 위해 바닥, 벽 그리고 천장이 모두 이중으로 구성되어 있다. 이중으로 된 공간이라는 말은 그만큼 공간이 좁아진다는 뜻이기도 하다. 내부 마감재는 소리를 흡수할 수 있는 흡음이 되는 제품을 써야 한다. 또 좋은 음질을 위해서는 소리가 지속되는 잔향 시간도 중요하다.

이 모두를 고려해서 스튜디오를 설계하고 만든다면, 상당한 기술과 자본이 필요하다. 음향 설계와 설비는 최소 가격도 높지만, 최대는 끝이 없는 세상이다. 입문하지 말라는 취미가 세 가지가 있다고 한다. 그것은 바로 와인, 카메라, 오디오다. 알면 알수록 끝이 없는 세계 중의 하나가 음향이다.

어린 시절 잠시 피아노를 배우고 그만둔 보통의 사람인 나는 그랜드 피아노의 가격은 전혀 모른다. 하지만 건축사로서 그것이 들어갈 공간은 최소 방 하나 크기가 필요하고 요구 수준에 따라 얼마나 비싼 공간이 될지는 잘 알고 있었다.

현실적인 요구부터 시작

그랜드 피아노는 안주인의 로망이자 희망이었다. 당시에는 언제 이뤄질 줄 모르는 미지수였다. 반면, 피아노와 관련된 현실적인 요구는 명확하고 단순했다. 자연스레 설계는 아래의 현실적 요구 사항을 충실히 반영하는 데서 시작했다.

"집에서 아이들 피아노 레슨을 합니다. 레슨할 때는
가족 공간과 분리되었으면 합니다. 대신 레슨이 없을 때는
집 안 다른 공간과 합쳐지기도 하는 형태면 좋겠어요."

공간의 성격에 따라 조닝이 분리가 될 수 있되, 별채나 전용 공간으로 분리되지 않았으면 좋겠다는 말이다. 피아노 레슨 공간은 자연스레 외부인의 접근이 많은 공용 공간 안에 포함시켰다. 하지만 요구사항은 점점 살이 붙어 갔고 구체적으로 필요한 부분도 늘었다. 그만큼 피아노가 안주인의 삶에 중요한 자리를 자치하고 있다는 증거였다.

"레슨 후에 아이들이 연습하는 피아노가 한 대 더 필요하고요, 서너 명이 앉아서 음악 공부할 수 있는 책상도 있어야 합니다."

해맑은 얼굴로 이것저것 필요한 부분을 말하는 민 님의 이야기를 듣고 있자니, 내 머릿속에 또 오르는 사자성어는 '점입가경'. 분명 처음에는 집에 피아노를 두고 싶다는 얘기였는데 듣자 하니 이것은 피아노 학원을 설계하는 것이나 다름없었다.

중단된
설계

의뢰인의 요구 사항을 공간으로 번역하며 현실과 절충했다. 원하는 것을 곧이곧대로 1대1 대응해 피아노방 하나, 연습실 하나, 공부방도 하나씩 만들어서 100평짜리 집을 만들 수는 없으니 말이다. 짧은 시간 동안만 필요한 공간은 쓸모를 겹쳐서 만들면 좋다. 피아노방은 레슨을 위한 공간으로, 외부인들과 연결이 편해야 한다. 소유하던 콘솔 피아노는 자리를 적게 차지해서 벽에 붙이고 피아노방을 손님방을 겸하는 사랑방처럼 만들 수도 있었다.
그렇게 피아노의 공간에 대해 생각을 정리하면서 우주 설계안을 발전시키고 있는 와중이었다. 의뢰인 부부와 세 번째 미팅 날, 아내가 잠시 자리를 비운 사이에 준 님이 내게 청천벽력 같은 말을 했다.

"소장님, 우주에 피아노방이 필요 없을 수도 있습니다."

정기적인 건강검진을 했는데 몇 가지 수치가 좋지 않아 아내의 병이 재발했을 수도 있는 상황이라며 자세한 검사 후 공유하겠다고 하였다. 목소리에는 최악의 경우까지 염두에 둔 듯했다. 건축가 입장에서는 당황스러울 수밖에. 이게 무슨 말인가? 여태 피아노가 그렇게 중요하다고 말을 했는데, 피아노방을 없애 달라니……. 설계안이 백지화될 수도 있다는 불안이 들었지만, 애써 태연한 얼굴로 대답했다.

"피아노방은 전용 공간으로 생각하지 않았고, 다목적으로 활용할 수 있는 사랑방이나 멀티룸으로 계획하고 있으니 괜찮으실 겁니다."

말은 차분하게 했으나 의뢰인의 암이 재발했으면 어쩌나 걱정이 커졌다. 집을 지어서 더 건강해지고 소망도 이룬 의뢰인 부부를 보고 싶다는 내 소망도 사그라드는 말이었다.
건축설계를 하다 보면 중간에 좌초된 프로젝트 얘기를 왕왕 듣는다. 이런 경우를 업계에서는 '엎어졌다'고 표현한다. 사연도 이유도 다양하다. 법이 바뀌어서, 앞에 이상한 건물이 들어와서, 혹은 의뢰인의 변심으로 땅을 팔았다거나 부부가 이혼했다는 등 상황은 여러 가지다. 건축사와 건축주의 관계도 계약 관계이므로 이에 대비하는 조항은 계약서에 기본으로 들어 있다. 약속된 설계 금액과 과정이야 법적인 약속을 따르면 그만이지만, 그 과정 안에 같이 품었던 꿈과 미래의 그림이 완성되지 못하는 것은 허무한 일이다.

다시 항해하는 우주, 그리고 커지는 로망의 궤도

몇 주 뒤 정밀검사 후 재발한 것은 아니라는 결과를 듣고 놀란 가슴을 쓸어내렸다. 꼭, 반드시, 의뢰인이 우주에 입주하고 로망 공간에서 원하는 삶을 살게 해 줘야지. 그들의 소망이 곧, 나의 소망이 되는 순간이었다.

우주가 완공되어 갈 즈음, 의뢰인들은 내게 첫 입주자는 새 피아노가 될 것이라 전했다. 풀사이즈 그랜드 피아노를 샀노라고. 그랜드 피아노라니! 진짜 들어오는구나! 반신반의했는데 현실이 된다니, 감격하면서도 흥분보다 걱정이 앞섰다. 콘솔 피아노나 베이비 그랜드 피아노가 들어갈 정도로 피아노방을 작게 설계한 것이 아닌지. 소음과 진동은 어찌 해결할지 음향 설비를 추가로 하자면 어찌하나, 머릿속이 복잡했다. 하지만 그것이 끝이 아니었다.

"연말에 학부모와 친구들을 모아 작은 연주회 또는 연말

당당하게 제 자리를 찾은 우주의 첫 입주자, 그랜드 피아노

파티도 할 수 있으면 정말 좋겠습니다. 새집 우주에서, 그랜드 피아노와 함께!"

로망의 리스트에는 학생들의 성과를 함께 나누는 연말 파티와 작은 콘서트 계획도 있었다. 가정집인데 가정집이 아닌, 피아노 학원도 되었다가 작은 콘서트홀이 되기도 하는 공간. 그런 다양한 구실을 하는 공간을 원했다.

집? 피아노 학원?
때론 콘서트홀!

우주의 피아노방은 한옥의 사랑채의 역할을 한다. 출입구와 가장 가까운 방이며 거실에 면해 있다. 피아노방의 문은 세 짝 장지문으로 하나로 겹쳐 벽 안에 숨길 수 있다. 즉 방벽 전체가 열리는 개방되는 포켓 방이다. 세 짝 미닫이문을 닫으면 온전한 연주실로 집중력이 생기고, 문을 열면 집 안에 음악이 다 퍼지는 구조가 된다. 물론 그랜드 피아노가 인테리어 역할도 하고 있다.

본래 살던 집의 거실에도 소파와 텔레비전이 없었다. 텔레비전이 있어야 할 벽에는 책장이 차지하고 그 앞에 큰 테이블이 거실 중심에 있었다. 책도 보고 차도 마시고, 음식도 먹는 응접실 같은 거실이다. 새집 우주에도 그 거실의 가구와 구조를 그대로 옮겨왔다. 위치는 풍광이 가장 좋은 서향 큰 창 앞으로 바뀌었을 뿐.

그곳은 레슨을 위해 오는 학생들의 대기 공간이며, 레슨 후 공부도 하는 피아노 교습소의 사랑방이다. 거실은 큰 아일랜드가 있는 주방과 이어져 있어 음료나 다과를 먹기도 쉬우니 응접실로도 명실상부 손색이 없다.

거실과 주방 피아노방을 합한 정도만으로도 연말 파티나 작은 연주회에 부족하진 않다. 하지만 백미는 따로 숨겨져 있다. 연주회가 열리면 이 집 전체는 연주회를 위해 만들어진 집으로 변신한다. 피아노방은 무대가 되고 1층 응접실과 2층 다락은 관객석이 되어 몇십 명이 모여도 충분히 수용할 수 있다. 우주의 거실과 다락이 큰 홀처럼 하나로 연결된 개방 구조이기에 가능한 일이다.

장지문 세 짝은 이럴 때 무대의 커튼 역할을 한다. 닫힌 문을 열면 연주자가 인사를 하고 손뼉을 치고, 연주회가 시작되는 그런 무대의 한 장면으로서.

오디오의 완성은 공간

피아노방은 지붕이 가장 낮은 곳에 있고, 2층 다락 객석은 가장 높은 곳에 있어서 연주자가 잘 보이고 소리도 잘 전달된다. 집 안의 공간이 하나의 지붕으로 연결되어 있으므로 막히는 시야나 소리가 없다는 것도 이럴 때는 유리하다. 음악 애호가들 사이에 '오디오의 완성은 집'이라는 말이 있단다. 아무리 좋은 오디오 장비가 있어도 원룸에서는 제 능력을 발휘하지 못하니 입문하지 말라고 한다.

비싼 취미 세 가지 중 하나인 오디오 취미의 발전 순서는 이렇다. 첫째, 음반을 모으고, 둘째로 소리가 좋은 오디오를 사고 스피커를 점차 늘리고, 마지막에는 그것들이 좋은 소리를 낼 수 있는 집을 짓는 것이다. 클래식 음악 애호가로 알려진 황인용 아나운서가 운영하는 음악감상실 '카메라타'는 그런 과정을 거쳐 만들어졌다.

우주가 완성되고 몇 달 뒤 의뢰인들에게 물어보았다.

"아이들은 그랜드 피아노가 좋다고 하나요?"
"아이들은 그게 좋은 것인지도 몰라요.
그냥 큰 피아노. 어른들이 사진 찍어 주며 좋아하시죠."

값보다 가치를 아는 사람이 되어야 하는데, 비싼 피아노 자랑은 어른들의 몫인가 보다. '우주' 집을 만들고 나는 확실히 알았다. 누군가 그랜드 피아노 준다고 해도 나는 못 받겠다. 피아노를 잘 치지 못해서가 아니라 공간이 없어서다. 한 평의 공간이 얼만데! 그래 직업병이다. 아내의 로망 공간을 완성 시키고 나니 옆에서 남편이 씨익 웃는다.

"저의 로망은 말이지요……."

건축주는 부부였다. 부부는 일심동체지만 의뢰인이 부부라면 각자 원하는 것이 다르다는 뜻이다. 남편의 로망 공간은 이제 시작이다.

일곱 번째 소망:
남편의 요리 실력을
맘껏 발휘할 수 있는 주방
요리, 소통, 취향을
모두 담은 공간

'남자의 로망을 담은 공간'이라면 어떤 곳이 떠오르는가? 플레이스테이션을 할 수 있는 게임 룸, 혹은 양주를 채워 놓은 진열장이 한편에 있는 서재 같은 공간이나 공구 세트가 가득한 지하 작업실 등이 아닐까. 혹시 나만의 고정관념인가 싶어 인터넷에 '남자의 로망 공간'을 검색해 찾아보니 여지없이 위에 나열한 것들이 포함되어 있다.

우주를 설계할 때, 웬만하면 의뢰인 부부가 원하는 바를 모두 담으려 했다. 각자의 요구사항을 듣고, 현실적으로 불가능한 것이 아니라면 최대한 가능케 하고 싶었다. 그리고 두 사람 모두, 우주를 설계하는 일에 열정적이었고 각자 원하는 바가 분명했다.

하지만 단 두 곳. 예외 공간이 있었다. 바로 '피아노방'과 '주방'. 이 두 곳을 설계할 때면 한 사람은 입을 다물었다. 첫 미팅에서 어떤 주방을 갖고 싶냐는 질문에 아내는 웃으며 이렇게 대답했다.

"주방은 남편이 말할 거예요."
'어라. 이 집 희한하네.'

남편이 도구에 민감하고 원하는 게 많아서 그런가 처음에는 생각했는데 부부 속내를 들여다보니 한층 깊은 사연이 있었다.

어떤 남자의 로망은 주방

우주 부부는 미국에서 신혼 생활을 시작했다. 당시 남편은 대학원생 신분이라 돈도 없고, 아내 음식 솜씨가 좋아서 한식으로 도시락을 싸서 점심시간마다 가져다 줬단다. 그런데 음식이 너무 맛있어서 인기가 있었다. 동료들이 부러움에 자기들 도시락도 싸 달라고 농담처럼 얘기했는데, 성격 좋고 손이 큰 아내는 단박에 오케이를 하고 그날부터 남편과 동료의 도시락 일곱 개씩 배달했다. 도시락 하나에 7달러, 그때 장사가 참 쏠쏠했다며 이야기를 해 줬다.
한국에 돌아온 뒤 상황이 여러 가지로 바뀌었다. 외국에서는 현지에서 먹기 힘든 한식을 주로 요리했지만, 한국에서 한식은 사 먹는 게 편했다. 대신 미국에서 먹던 음식 중 생각나는 것을 주로 요리했다. 요리는 원래 먹고 싶은 음식을 해 먹는 것이다. 외국에서 장기 거주를 해 본 사람들끼리 하는 말이 있다.

"늘지 않는 영어, 멀어져 가는 한국어, 느는 건 한식 요리 실력!"

게다가 한국에 부부가 온 지 얼마 지나지 않아, 아내는 투병을 시작했고 더는 주방에 서 있을 수 없게 되었다. 병원 생활과 함께 남편은 아내를 둘러싼 모든 것을 직접 챙겨야 했다. 그중 가장 중요하게 생각한 것이 아내의 식사다. 그들의 이야기를 듣고 있자니 <오늘은 좀 매울지도 몰라>라는 드라마가 생각났다. 여주인공 다정(김서형)이 아프면서 남편 창욱(한석규)이 아내의 치유를 위한 음식을 하나씩 만들어 가는 스토리이다. 우주 부부도 암 투병을 하면서 비슷한 과정을 겪었을 것이다. 아내를 위해 뭘 해주면 힘이 날까, 고민하며 정성을 다했으리라. 따뜻한 식사 한 끼만 한 위로와 응원이 없으니까.

"오늘은 뭐 먹고 싶어?"
"미국에서 먹었던 그 식당의 수프에 파스타 먹고 싶다."
"그래? 그거 내가 한번 만들어 볼게."

남편도 요리를 좋아하고 손재주와 단련된 미각이 있다. 아내가 항암 치료를 받는 동안 주방의 주도권은 자연스럽게 남편에게 넘어갔다. 아예 집안에서 요리와 주방 담당은 남편이 되었다. 남편은 파스타나 브런치 등 양식 요리가 특기다.
설계할 때 살던 집에서 미팅을 몇 차례 했다. 그때 맛본 차와 곁들임 다과가 보통 수준이 아니었다. 이 정도의 커피를 내리고, 디저트를 고르고 만드는 사람이라면 상당히 까다롭고 디테일한 요구사항이 있으리라 가늠했음은 물론이다. 나의 미각은 즐기고 있었으나 건축가의 예리한 센서로 공간적인 요구사항을 가늠하였다.

냉장고로 이해하는 사람과 가족

설계를 맡으면 건축주 집의 찬장과 냉장고도 열어 본다. 우주 집주인의 냉장고와 찬장은 지금껏 본 것들 가운데 가장 인상 깊었다. 오래된 김치나 고추장, 된장 같은 한국 가정 필수품이 전혀 없었다. 대신 찬장과 서랍장에는, 차, 커피, 와인 도구들이 한가득 있었다. 어머니들이 하나씩은 꼭 가지고 있는 덩치 큰 김치냉장고가 없는 점도 특징이었다. 냉장고를 열었는데 김치의 강렬한 냄새가 나지 않다니! 사실 당시 냉장고 공간 3분의 1은 병원 약이 차지하고 있었다. 끝나지 않은 암 치료의 흔적을 보고 마음이 시렸다.

프랑스 말에 '먹은 음식을 말해 주면 네가 누구인지 말해 주겠다'라는 말이 있다는데 냉장고는 건축주의 습성을 알 수 있는 중요한 단서 중 하나임은 확실하다. 집의 냉장고는 나름 은밀한 구석이다. 그래서 공개하기 꺼리는 분들도 있어서 냉장고 안을 확인하지 못할 때도 있다. 아쉽게도 건축주가 사는 집과 냉장고를 확인하지 못하면 내 기준에서 만족스러운 계획이 잘 나오지 못했다. 우주 건축주의 냉장고와 살림살이를 본 뒤에 떠오른 주방 키워드는 이렇다.

'봄날의 파스타 같은 산뜻한 주방'

의뢰인 부부는 외국 생활을 오래 한지라 처음부터 서양식 주방 구성을 염두했다. 주방이야 서양식이든 한국식이든 거기서 거기라고 생각하겠지만 주요 요리가 무엇인지에 따라 주방도 큰 차이가 난다. 한식은 오래 끓이는 국물 요리가 많다. 따라서 필연적으로 습기와 기름때가 많고 조리 도구도 커야 한다. 냄새는 또 어떠한가. 우리가 맛있게 먹는 마늘, 김치는 냄새가 쉽게 빠지지 않는다. 반면 서양식은 오븐 요리 위주고 조리 시간도 상대적으로 짧다. 조리 도구도 팬과 파스타 삶을 크기의 냄비 정도가 필요하다. 조리 후 냄새도 쉽게 날아간다. 하지만 한식은 저장 음식이 많아 냉장고에 장기간 보관할 재료가 많다. 김치나 장아찌, 고추장, 된장 같은 재료다. 저장 발효 식품은 냉장고 문을 열면 냄새도 많이 난다.

쉽게 말해 서양식 주방이 더 산뜻하다. 요즘 부엌은 아일랜드 키친에 인덕션 사용이 대세다. 하지만 그런 집 대부분은 다용도실에 보조 주방이 있다. 물청소가 가능한 다용도실엔 고무 대야를 두고 배추 같은 것을 장시간 절인다거나, 보조 주방에 가스레인지를 두는 이유는 오래 끓이는 곰국이나 청국장 같은 냄새 진한 한식 요리를 위해서다. 욕실로 말하면 건식 욕실과 습식 욕실 정도의 차이다.

건축가가 찾아야 하는
수용의 범위

산뜻한 주방은 공간 디자이너인 건축가로서 좋았다. 더 모양새 나는 주방이 될 수 있기에. 하지만 그만큼 일반적인 한국식 주방이라는 공간의 문법에 맞지 않는 부분이 있었다. 대표적으로 위에 말한 메인 주방과 보조 주방, 냄새와 김치의 존재 등 문제가 있었다. 우주는 구조상 주방이 외벽과 맞닿지 않고 집의 중앙에 있다. 주방 벽 뒤는 갤러리가, 그 뒤쪽 편은 외부 창고다. 갤러리가 노출되지 않는 동선을 만들어 주지만, 주방 계획에서는 환기가 직접 되지 않는다는 단점이 있었다. 뭐든 얻는 것이 하나 있으면 잃는 것도 있는 법이니까. 이것을 잘 풀어야만 집이 살아난다.

아일랜드에 조리대가 있는 '오픈 키친'은 멋지다. 마치 카페나 미디어에서 보던 셰프의 주방 같다. 하지만 요리 시 발생하는 기름때는 어떻게 할 것인가. 보통 조리대 뒤의 벽을 타일로 마감한 이유는 기름때 청소를 쉽게 하기 위해서다. 물론 아일랜드 조리대 뒤의 키 큰 장에 조리대와 화구를 두고 조리를 할 수도 있다. 상부에는 후드도 설치할 수 있다. 흔히 있는 '11자' 대면형 조리대처럼 말이다. 문제는 우주의 의뢰인은 그런 주방을 원하지 않았다는 것이다. 주방에 관한 부부의 첫 번째 요구사항은 요리할 때 서로 대면하고 대화를 하고 싶다는 것이 있었다. 둘만 있는 집에 조리대가 두 개나 필요하지 않았고 기능을 분리할 필요도 없었다. 선택과 집중이 필요했다.

화구와 조리대는 아일랜드 식탁에 집중되었는데 관리 문제를 해결해야 했다. 천장이 높아서 후드를 달 수 없기 때문이다. 멋과 디자인을 중시하는 남편은 기능보다 집의 의미와 시각적 효과를 더 살리고 싶어 했다. 그래서 과감하게 천장 후드는 달지 않기로 하고 새로운 해결법을 제시했다. 바로 '후드 일체형인 인덕션'이다. 역시 공학자

다운 선택이었다. 기술로 해결하다니.

후드 일체형 인덕션은 냄새를 빨아들이는 흡입부가 인덕션 일부에 장착된 제품이었다. 그래서 냄새가 위로 올라가기 전에 빨아들여 없애는 기능을 갖고 있다. 물론 빨아들인 냄새는 어딘가로 내보내야 한다. 우주의 다른 문제는 아일랜드 조리대가 바닥에도 외벽에 접하는 곳이 없다는 것이었다. 냄새를 빼서 집 안에 뿌린다니 말이 안 되지 않나. 해결법은 또다시 기술에 있었다. 후드 일체형 인덕션 중 탄소 필터로 냄새를 정화하는 제품도 있었다. 문제는 단 하나, 특정 브랜드의 고가제품에만 있었다는 점이다.

선택은 집주인 몫이지만, 작동이 잘되지 않는다면 살림집이 살기 불편한 집이 된다. 그리고 이는 설계자의 책임이 되는 상황이었다. 주방이 집의 중심에 있고 외벽에 맞닿지 않는다는, 남들과 '조금' 다를 뿐인 선택을 위해 이렇게 해결해야 하는 문제가 많다니, 창조성은 수많은 난관을 가져온다.

집을 사람에, 사람을 집에 맞춰 가는 과정

후드를 없애는 것 외에도 주방의 실사용자 남편은 여러 가지 조율을 요청하였다. 첫째는 아일랜드를 최대한 키울 것. 초기 계획안은 아일랜드가 실내 계단으로 생긴 벽과 떨어지고 그 사이로 동선이 생기는 독립형 아일랜드였다. 그쪽 동선 공간 80센티미터를 없애고 조리대를 연장하니 3미터나 되는 아일랜드가 만들어졌다.

둘째, 아일랜드 상판은 이음새가 없는 스테인리스 스틸 통판으로 하고 싶다 했다. 무난한 인조대리석보다 평소 갖고 싶었던 스테인리스 스틸 아일랜드를 요청하여, 상판과 싱크 볼을 한 몸으로 이음새 없이 제작했다.

셋째로 주방에는 와인셀러와 음료 냉장고 그리고 오븐만 두겠다는 것이다. 큰 냉장고는 갤러리 안에 있는 팬트리 영역으로 들어간다. 덕분에 김치 냄새를 바로 맡을 일이 없고, 냉장고가 사적인 영역으로 감춰졌다. 손님이 와도 냉장고를 열지 말라며 실랑이 벌일 일이 없는 것은 덤이다.

넷째는 아일랜드 조리대 전면 하부는 요리책을 꽂을 수 있게 해 달라였다. 작은 키친 라이브러리처럼 말이다. 아일랜드 전면에 의자를 집어넣고 식탁처럼 쓸 수 있는 기능은 부부에게는 필요가 없으니 빼달라는 주문. 음식은 테이블에 가져와 먹는다.

세세한 조율을 거쳐 집주인의 몸에 딱 맞고 마음에 쏙 드는 주방을 완성하는 과정은 정말 흥미로웠다. 마치 가봉을 떠 놓은 옷을 의뢰인 몸에 꼭 맞게 조율해 맞춤복 만드는 과정과 닮았다.

"목의 깃은 좀 더 길게, 팔은 양쪽 길이가 조금 다르니 왼쪽을 조금 짧게 하죠. 단추와 안감은 광택이 있는 것으로……."
"네, 좋습니다."

모든 사람은 팔다리가 두 개씩 있지만, 체형이 조금 다르고 옷의 작은 차이가 더 편하고 돋보이게 만들어 주는 것처럼 공간도 그렇다.

하지만 아이러니하게도 우린 모두 아파트에 몸을 맞춰 살고 있다.

완성된 우주의 주방은 슬쩍 보면 살림집 주방 같지만, 속 구성은 카페나 상업 공간 쇼룸에 있는 주방에 더 가까워졌다. 가끔 잡지에 나오는 집에서 비슷한 구성을 보면 '과연 진짜 사용할 수 있는 주방이 맞을까?' 하는 의구심이 들기도 했지만 사용자가 누구냐에 따라 다르다. 어떤 사람에게는 보기만 좋고 불편한 주방이 다른 사람에게는 멋지고 편리한 꿈의 주방이 될 수 있다. 물론 의뢰인의 요구를 수용하면서도 건축가로서 걱정이 많았다. 인덕션과 일체형인 후드가 얼마나 제대로 기능을 할까, 천장에 기름때가 달라붙어 누렇게 변하면 어쩌나 하는 걱정이었다. 다행히 모든 것은 자리를 잡았다. 그 일이 있기 전까지!

냉장고 전투
냉장고 미워

문제는 이삿날 발생했다. 현장에서 전화가 걸려 왔다. 당황한 목소리의 현장 소장님이었다.

"건축사님, 큰일 났어요. 냉장고가 들어가지 않아요."
"네? 냉장고 문짝을 떼고 설치하면 되지 않나요?"

문제는 우주의 주인이 원래 가지고 있던 양문형 냉장고였다. 지금의 '키친 핏'이라는 스타일의 냉장고가 나오기 전에 유행한 제품으로 깊이가 상당했다. 좋은 냉장고의 기준을 크고 깊은 것으로 삼아 경쟁하던 시기가 한때 있었다. 사용해 보니 너무 깊어서 음식을 찾을 수 없다는 의견이 많아서 요즘은 호리호리한 냉장고가 대세다. 뭐든지 제대로 살 줄 아는 남편분이 고른 냉장고니 분명 구매 당시에 가장 좋은 스펙의 냉장고였을 것이다. 현장의 전화를 받으니 이전 집에서도 주방 가운데 툭 튀어나와 존재감을 뽐내던 냉장고가 기억났다.
그 냉장고가 우주의 갤러리 복도를 통과하지 못했다. 아뿔싸! 그걸 생각 못 했네. 이사 때 냉장고나 세탁기 같은 덩치 큰 가전이 들어가기 힘들다는 사실을 알아 큰 출입문을 만드는 것까지는 고려했다. 그리고 냉장고가 들어갈 자리의 깊이까지는 생각했는데 그 통로에서 90도 회전해도 넣을 수 없다는 것이다. 몸에 꼭 맞춰서 옷을 만드느라 입고 벗을 때 행동반경을 생각 못 한 것이다. 비유하자면 바지의 지퍼가 좀 짧았다.
나는 현장에 조심스레 제안했다. "그쪽 벽을 해체해서 냉장고를 넣고 다시 벽을 만들면 어떨까요?" 몇 가지 아이디어가 오갔지만, 결국 부부가 냉장고를 다시 사는 것으로 결론을 지었다. 설계상의 실수를 의뢰인 돈으로 메꾼 것 같아 미안한 마음이 가시지 않는다. 그 뒤로 설계할 때 의뢰인의 냉장고만 보면 가슴이 벌렁거린다.

'자, 이놈을 좌로 우로 하면, 음…… 이사하는 데 문제없을까?'

실수를 타산지석으로 삼았음은 물론이다. 그래서 경험만큼 많이, 오래 남는 교훈은 없는가 보다.

여덟 번째 소망:
커피와 차, 와인을
다양하게 즐길 수 있는 공간
집의 표정이자 풍경이 되는 창,
향유의 공간으로 역할 더하기

나는 커피를 좋아한다. 설계 작업할 때 커피를 주로 마시다 보니 자연스럽게 맛도 알게 되고 즐기게 되었다. 커피 머신만 세 개 가지고 있다. 캡슐 커피 기계가 두 종류, 에스프레소 기계가 하나다. 그러다 요즘은 주로 핸드드립으로 마신다. 핸드드립으로 마시는 이유는 도구와 청소가 가장 간편하기 때문이다. 도구가 간단하다고 말했지만 드리퍼, 필터, 그라인더와 전기 포트, 물 주전자 케틀, 커피를 받는 도구인 서버 등이 필요하다. 나의 커피 생활에 대해 초반에 길게 설명한 데는 이유가 있다. 하나의 취미나 취향이 생기면 그에 맞는 도구와 적절한 공간이 갖춰져야 한다.

반대로 가지고 있는 도구를 보면 어떠한 취미를 어떤 공간에서 즐기는지 라이프 스타일을 짐작할 수 있다. 예를 들어, 신발장에 골프화,

농구화, 축구화, 테니스화 및 아쿠아슈즈까지 있다면 레저 스포츠를 즐기는 사람이라는 힌트다.

만드는 공간과
향유하는 공간

우주의 주방이 멋있게 완성되고 나서 해야 할 일이 하나 더 생겼다. 바로 건축주가 즐기는 식사와 음료 생활에 적합한 공간을 만드는 일이었다. 주방에서 요리하고 식탁에서 밥 먹고 차 마시면 끝이 아닌가 의문을 갖는 분들이 계실 테다. 그에 대한 내 대답은 이렇다.

"아닙니다. 즐겁게 먹고 마시는 '향유하는 공간'을 만들어야만 진정한 공간의 완성입니다."

우주의 의뢰인은 커피와 차, 와인을 즐긴다. 특이점으로 느껴질 정도로 곳곳에 커피, 차, 와인 관련된 용품이 한가득 자리를 차지했다. 꼼꼼하게 열거해 보겠다. 주방 서랍 한 칸은 차의 자리다. 기본 녹차로 시작해서 우엉차, 돼지감자차, 연잎차, 얼그레이, 우롱차, 루이보스, 보이차 등이 있었다. 내가 평생 맛본 차보다 더 많은 종류였다. 커피 관련해서는 그보다 더 많은 종류와 도구가 있다. 핸드 그라인더, 드리퍼, 모카포트, 프렌치프레스, 콜드브루 추출기 그리고 증기압력으로 커피를 추출하는 바끼Bacchi 에스프레소 머신도 있다.
물론 음료의 종류와 추출법에 따라 적합한 주전자, 티팟, 케틀, 포트가 각양각색으로 있음은 물론이고 음료마다 어울리는 잔도 구비되어 있다. 찬장 하나에는 머그, 커피잔, 유리잔, 주석잔, 맥주잔, 텀블러 등 온갖 컵과 잔이 꽉 찼다. 부부는 뭔가 만들면 그에 어울리는 그릇과 잔을 고르고 마시는 즐거움을 중요하게 여기는 부류에 가까웠다. 뭐든 중국집 냉면 그릇에 따라 마시는 기안84와 사뭇 대조되는 유형이라 하겠다.

다행히도 의뢰인들의 취향이 섬세하고 다양하지만, 취미와 관련된 용품들이 아주 큰 자리를 차지하진 않는다. 이를테면 상업카페에서 쓰는 로스팅 기계나 덩치 큰 에스프레소 머신 같은 것은 없다는 얘기다. 의뢰인 부부도 둘의 상황과 생활의 테두리 안에서 수용할 수 있는 선에서 차와 커피를 즐겼다. 종류가 엄청 많고 다양하긴 했지만!

다만 설계하는 건축사로서는 로스팅 기계처럼 공간을 차지하는 물건이 일하기 더 쉽다. 필요한 치수와 규모가 정확하기에 요구사항을 반영하기가 수월하고, 결국 '설계를 잘한 것'이 된다. 우주 의뢰인들처럼 세세하고 소소한 즐거움을 공간에 담아 살려서 설계하기란 쉽지 않다. 특히 집이라는 일상생활 공간 안에서 사소한 요구사항도 녹아드는 섬세함이 담긴 설계란, 잘한다 해도 티가 안 난다.

구석구석 즐길 수 있는 요소를 심기

'우주'라는 집 이름을 붙이기 전, 내 마음속의 집의 별명은 'house of many corners'였다. '구석이 많은 집' 무슨 구석이냐면 '즐길 수 있는 구석'이다. 다시 말하면 '구석구석 즐길 수 있는 집'이라는 뜻. 집의 구석구석에 티룸, 와인바, 커피하우스를 숨겨 놓은 집이랄까.

커피와 차, 와인을 다양한 공간에서 즐기는 집주인의 로망을 실현하려면, 건축사는 멋진 풍경과 함께 머물고 싶은 느낌의 공간을 만들어야 한다. 찻잔을 가지고 창으로 가서 차를 마시고 풍경을 감상하는 장면에 어울리는 공간. 편안한 의자, 눈에 부담을 주지 않는 조명, 기대어 머물기 편한 무엇이 있으면 더 좋지 않을까.

머물고 싶은 분위기를 만들어 주는 첫 번째 요소는 창을 통해 바라보는 풍경 그 자체다. 집 안에 창을 내는 위치를 잘 선택해야 한다. 외부와 내부의 관계를 생각해 평생 바라봐도 좋을 만한 곳, 눈이 호강할 그곳에 창을 낸다. 창은 프레임을 잡는 일이다. 풍경을 어떻게 잘라 내서 보여 주냐의 문제로 연결이 된다. 사진을 찍을 때 구도를 잡는 것처럼 엄지와 검지로 프레임을 만들면 평범한 풍경도 특별하게 느껴진다. 이렇게 집 안에서 보는 영원한 액자를 잡는 것이 건축가가 하는 일이다.

창의 모양에 따라 담기는 풍경의 분위기가 다양하다. 가로로 긴 창은 파노라마 같은 시원한 풍광을, 세로로 긴 창은 족자 속 그림 같은 풍경을 담는다. 높이와 위치도 중요하다. 눈보다 높은 창은 원경을 담고 낮은 창은 근경을 담는다. 주변 환경에 맞춰 창의 방향과 가로세로 크기와 높이를 정하고 안에서 밖을 바라보는 분위기를 만들어 낸다.

또 하나 놓칠 수 없는 부분이 창은 집의 얼굴이 된다는 점이다. 안에서는 풍경을 끌어오는 액자지만, 외부에서는 창이 집의 표정이 된다. 안에서 만들고 싶은 창을 다 만들다간 외부에서는 프랑켄슈타인 같은 얼굴이 될 수도 있다. 반대로 밖에서는 멋진데 안에서는 텅 빈 공간이 되기도 하고. 무엇이든 균형과 관계 간의 조율이 중요하다.

이렇듯 창마다 다양한 풍경을 담을 수 있는데 아파트의 창은 참 단조롭다. 크게 크게 낸 거실 창과 눈높이에서 잘 보이는 환기창 두 가지만 있는 아파트는 창을 통한 풍경에 대한 고찰이 없다. 아니 호불호가 없게 아주 중립적으로 만들어진 창이다.

오감 공간
공감 오감

이렇게 만들어진 코너들은 각자 다른 분위기와 역할이 있다. 서향의 거실에는 큰 통창에 평행하게 테이블과 긴 벤치 의자를 놓는다. 부부가 나란히 앉아 풍경을 바라보며 커피를 천천히 내려서 마시기 좋은 곳이다. 다락에는 서쪽의 파노라마 창이 있고 동쪽에는 정사각형의 창문이 있다. 서쪽 창은 부부가 함께 요가를 하고 난 뒤 바닥에 앉아 차를 마시기 좋다. 차분해진 몸과 마음 그대로 멀리 산과 마을을 바라보면 그 자체가 명상이자 힐링이다. 따뜻한 다락마루의 촉감도 느끼고 바람의 흐름도 느낀다.

동쪽 창은 창턱에 맞게 앉을 수 있는 윈도우 시트가 있는데, 거기에 앉아 기대어 가만히 하늘을 바라며 와인 한잔하기 알맞다. 반신욕을 할 때는 수분을 보충해 주는 시원한 맥주나 데운 정종을 함께한다. 욕조에 물을 받아 몸을 뉘었을 때, 딱 눈높이가 맞는 코너 창 너머로 돌 정원을 바라보면 정종 한 모금! 크하 하루의 피로가 씻겨나간다.

커피나 차, 와인을 다양하게 즐길 수 있는 공간은 실내만 있는 것은 아니다. 우주는 단독주택이라 밖에서도 날씨와 분위기에 따라 식사와 음료를 즐길 수 있는 공간이 코너마다, 구석구석 녹아 있다. 현관이 되는 포치는 지붕의 처마가 길게 드리워져 외부지만 아늑한 공간이다. 여기에 우주 의뢰인은 센스 있게 천으로 된 캠핑용 접이식 의자와 벤치를 두었다. 아웃도어의 느낌을 느끼며, 노을을 보면서 먹는 컵라면 맛이 기가 막히게 좋다고. 라면엔 소주가 잘 어울리는데……. 돌 위도 놓칠 수 없는 코너다. 한낮에 볕을 받아 따뜻해진 돌에 앉아 있으면 그렇게 편안할 수가 없다. 왠지 맥반석 계란에 식혜라도 먹어야 할 것 같은 기분으로 말이다.

분.조.카
신드롬

이상하다. 나는 분명 집과 공간에 대해 말하고 있는데, 먹방을 하는 듯한 기분은 무엇인가. 음식의 맛과 풍미를 살려 주는 술 마리아주를 마시며 많은 이들이 음식과 음료의 조합을 즐긴다. 하지만 여기에 진정 더해야 하는 것은 분위기다. 그래서 치맥은 스포츠경기를 보면서 먹어야 맛있고, 팝콘은 영화관에서, 김치전과 막걸리는 비 올 때 먹어야 제맛이 난다.

근래에 생긴 말 중 '분조카'라는 말이 있다. '분위기 좋은 카페'를 줄인 말인데 공감하고 즐기는 사람이 많아 줄임말이 유행이 됐을 것이다. 커피와 차를 즐기는 데 맛도 중요하지만 분위기가 한몫한다는 뜻이다.

집 안에 구석구석 식음료와 페어링 할 분위기가 갖춰 있다면 얼마나 좋겠는가. 아마도 우주의 부부는 오늘도 생각할 것이다.

'날도 쌀쌀한데 와인에 계피랑 과일 넣어서 뱅쇼를 끓여 볼까? 뱅쇼를 어디서 마셔야 더 맛있으려나? 거실 창 앞 트리 코너! 당첨!'

기억하자. 차와 커피에 곁들여야 하는 것은, 초코과자 뿐만 아니라 괜찮은 풍경과 공간이라는 사실. '행위+식음료+공간=즐거움 2배'라는 마법의 공식을!

집을 리뷰해 주세요
쌓이는 후기와 경험 속에 다듬어지는 설계

"안녕하세요, 오늘은 비가 많이 오네요.
비 피해 없이 안전하신가요?"
"어휴 날이 너무 더워졌네요. 집 안에서 지내는 건
괜찮으세요? 뜨거운 공기가 위로 올라와서 2층이
너무 덥진 않나요? 전기세는 얼마나 나오나요?"

종종 건축주들에게 안부를 묻는다. 뉴스에서 비가 많이 왔다거나 폭염에 사람이 쓰러졌다든지 날씨로 인한 피해 소식이 들리면 연락을 드려 안녕하신지 확인한다. 집주인의 안부가 궁금하기도 하지만, 집의 안부를 묻는 것에 더 가깝다. 사실은 날이 좋아도, 날이 흐려도, 날이 적당해도 집의 안부가 궁금하다. 누수나 하자가 있었다는 얘기를 들을까 봐 마음이 조마조마한 상태로 말문을 연다. 다행스럽게도 지금까지는 피해 상황에 대한 보고보다는 아무 문제없이 행복하게 잘 살고 있다는 이야기를 들을 때가 더 많다.

좋아요, 별점
그리고 후기

"음식은 입에 맞으세요?"라고 물어보는 요리사의 마음이 이럴까, 내가 정성껏 차려 준 밥상을 맛있게 먹는 손님이나 식구를 보면 마음이 푸근해지듯이, 내가 정성 들여 지어 준 집이 좋다고 하면 나도 그렇게 좋을 수 없다. 사람들은 건축가니까 자기 집을 짓고 싶지 않냐고 물어보곤 한다. 내가 살 곳을 짓는다면 지을 수 있는 집은 단 하나지만, 다양한 건축주와 함께 지을 수 있는 집은 여럿이다. 게다가 나라면 생각하지 않았을 갖가지 요구와 생활을 설계로 풀 수 있으니 그만큼 더 큰 대리 만족을 하고 있다.

집이 완성되고 그 안에서 생활이 시작되면 이런저런 찐 후기를 들을 수 있다. 이 생생한 피드백은 건축가에게 성장 자양분이다. 음식 맛이 어떠냐고 물어보는 요리사가 손님 목소리를 듣고 요리에 적용하듯, 집에서 생활해 보니 어떤지 좋은 점, 싫은 점, 아쉬운 점 무엇 하나 놓치지 않고 귀담아듣고 있다.

우주의 깊은 처마와 윈도우 시트는 다른 건축주의 충실한 피드백 덕분에 만들어졌다. 나의 가장 충실한 리뷰어 중의 한 명이자 적정건축을 만든 계기가 된 친구, 단독주택 '온당'의 집주인이다. 온당은 당시 의뢰인이 요청한 사항들을 설계로 잘 풀어낸 집이라 생각한다. 요청

사항 중에는 '매력적인 셋집'을 만들어서 그 전셋값으로 집을 무사히 지었으면 하는 바람이 있었다. 또 주인집은 마당을 쓰고 셋집은 옥상 정원을 쓰면서 '서로의 사생활이 보호되는 평화로운 공존이 가능한 집'을 원했다. 그리고 '자녀들이 사춘기 이후에도 부모와 멀어지지 않는 집'을 원해 서로의 드나듦이 보이고, 가족 공간 용도로 1층에 카페 같은 거실을 갖는 구조로도 만들었다. 그 외에도 집에 살면서 이런 것이 더 있으면 좋았겠다는 두어 가지 리뷰를 더 받았다.

그중 첫 번째는 처마다. 처마가 없는 집에 살다 보니 비가 올 때 문 열고 나갔다가 가구와 바닥이 다 젖었다고 말했다. 그 밖에도 처마가 있으면 여름철에는 그늘이 생겨서 너무 뜨겁지도 않고, 외벽 면이 깨끗하게 유지되는 장점이 있다. 그런 장점에도 불구하고 처마가 온당에 실현되지 못한 이유는 처마를 낼 만큼 땅의 여유가 없었기 때문이었다. 처마는 몇십 센티미터라도 외벽보다 더 뻗어 나가야 하는데, 건축 한계선에 딱 붙여서 지은 집에서는 처마를 원하면 실내 공간을 포기해야 했다.

처마를 만들 수 없던 또 다른 이유는 집에 어울리지 않았기 때문이다. 아쉽지만 처마라는 장치는 모던한 집의 조형과 부조화를 이룬다. 처마라고 말하면 비 오는 날 툇마루에 앉아 처마 아래서 비 구경하는 모습이 떠오르듯이, 한옥처럼 경사 지붕을 해서 처마를 동서남북 네 면으로 내민 집은 전통적인 느낌이 든다. 처마가 있는 집은 거의 다 좌우 대칭이고 조형적 언어가 너무 전형적이다.

두 번째로 아쉽다고 한 부분은 '윈도우 시트'였다. 온당의 안주인은 집의 설계안이 다 완성되고 나서 "이런 것도 할 수 있냐"며 이미지 한

장을 보여 줬다. 영화에서 보던 따뜻한 분위기의 창이었는데 창 주변에 걸터앉을 수 있는 소파가 갖춰진 윈도우 시트였다. 윈도우 시트를 만들려면 창의 높이가 의자에 맞춰져야 하고, 벽감처럼 창이 옴폭 파고들어 가는 형태여야 했다. 안타깝게도 '온당'에는 실현할 공간의 여유가 없었다. 전형적인 미국 방식으로 벽난로가 있는 집에나 만들기 좋은 구조였다. 아쉽지만 원래 구현하기로 한 창을 보며 노트북 작업하는 테이블을 놓는 카페 같은 거실에 만족하기로 했다.

"집 한 번 더 지으면 완벽하게 잘할 거 같아!"

사람들은 평생 한 번 하기 어려운 경험을 경황없이 끝냈을 때 말한다. "한 번 더 하면 잘할 수 있을 거 같다." 결혼식이 그렇고 집 짓기도 그렇다. 온당의 건축주는 평생 한 번 정도 경험할 집 짓기에서 못 이룬 처마와 윈도우 시트를 두고 "다음에 내가 집을 또 지으면 꼭 해 달라"고 하였다. 방금 집을 지은 건축주로서는 우스갯소리로 한 말이지만, 건축가인 나에게는 다음 집을 지을 기회가 얼마든지 더 있지 않는가?

첫 번째 건축주가 못 이룬 로망은 그 후로 여러 채 집을 설계하고 연구하는 단계를 거쳐 '우주'에서 이루어졌다. 연구란 위에서 말한 처마를 현대화해야 하고, 윈도우 시트를 한국의 공간에 어울리게 구현해야 하는 과제였다. 손님이 남긴 음식의 잔반을 보고 그날의 요리를 분석하고 레시피를 개선하는 식당의 요리사처럼 말이다.

연구 끝에 탄생한 윈도우 시트

모던
처마

처마는 전통적으로 많이 쓰는 인류의 지혜가 농축된 건축 방식으로서, 손쉽고 확실하게 비와 햇볕에게서 집을 보호하고 집 안을 편안하게 만든다. 다만 처마라는 것이 요즘 시대 건축물과 조형적으로 어울리게 연구해야 했다.

그래서 우주의 처마는 벽면과 처마를 하나의 일체형 디자인 요소로 보고, 같은 두께와 길이로 돌출시키는 방식으로 발전시켰다. 비유하자면, 우산처럼 위에 떠 있는 면만 내민 것이 아니라 우비의 모자처럼 얼굴 좌우와 위를 감싸듯이 내민 형태다. 이는 전통적인 처마의 개념을 현대건축에 적용하기 위한 시도였으며, 그 과정에서 옆으로 들이치는 비나 강한 햇볕까지 효과적으로 차단할 수 있는 장점도 얻게 되었다.

그러나 여기서도 해결해야 할 과제가 있었다. 바로 지붕과 벽의 두께 차이로 인해 입면이 부조화를 일으킬 수 있다는 점이었다. 목구조에서 지붕의 두께는 60센티미터에 달하는데, 이는 서까래 같은 구조재뿐만 아니라 단열재와 방수층까지 더해지기 때문이다. 반면, 벽체의 두께는 이보다 절반 정도 얇아 상대적으로 차이가 컸다. 철근콘크리트구조 역시 지붕과 벽의 두께 차이가 존재하며, 이를 그대로 적용할 경우 두꺼운 처마 때문에 갑갑함이 생길 수 있다.

한옥의 처마가 아름다운 이유는 지붕의 무게감을 상승하는 곡선을 통해 유려하게 풀어냈기 때문이다. 하지만 같은 방식으로 해결할 수 없었기에 현대적인 언어로 해석해야 했다. 내가 추구한 디자인 언어는 '심플한 매스감'이었다. 지붕과 벽의 두께 차이를 조정하기 위해 처마의 두께를 최소화하고, 오히려 벽체를 키워 지붕 두께에 맞춰 입면선을 간결하게 정리했다. 그 결과 입면이 단순해지면서 모던한 인상이 더욱 강조되었다.

이런 효과는 글자체에 비유하면 좀 더 쉽게 이해할 수 있다. 획의 굵기가 서로 다르고 장식이 많은 서체, 예를 들어 궁서체 같은 명조 계열 서체나 서양의 세리프체는 고전적이고 중후한 느낌을 준다. 반면 굵기가 일정하고 단순한 고딕체, 즉 산세리프 계열은 현대적이고 깔끔한 인상을 준다. 건축에서도 처마와 벽면의 두께가 균일하게 맞춰지면, 글자 획처럼 시각적으로 통일감이 생기고 보다 모던한 분위기를 형성하게 된다.

윈도우 시트
공간과 가구의 결합

우주에서 윈도우 시트는 단순한 장치가 아니라 내부 공간을 조직하는 핵심 키워드로 자리 잡았다. 창이라는 입면과 가구, 수납의 관계가 모두 이 지점으로 모였다. 일반적으로 집에서는 창과 직각을 이루는 벽에 장롱을 두는데, 창을 가려가며 수납장을 놓는 경우는 드물다. 그래서 창이 있는 벽은 활용하기 어려운 공간으로 남기 쉽다. 하지만 벽 전체를 수납으로 계획하고, 가구의 비례와 창의 위치가 균형을 이루게 하면 창과 수납은 충분히 조화롭게 공존할 수 있다.

창에는 가로와 세로의 높이가 있고, 가구에는 깊이가 있다. 이 둘을 결합하면 어떤 공간이 탄생할까? 바로 '가로width×세로height×깊이depth'의 3차원 입체적인 '공간'이 된다. 벽면 전체를 수납장으로 구성하면서 적절한 위치에 창을 낼 때, 창의 하단을 바닥에서 45센티미터 높이에 맞추면 그 자체로 의자가 된다. 이것이 바로 윈도우 시트다. 이를 활용하면 가로로 긴 파노라마 창, 세로로 긴 족자 그림 같은 창 등 다양한 형태로 변주할 수 있다. 결국, 실내에서 수납과 풍경, 그리고 가구가 자연스럽게 결합하면서 공간 설계의 자유도가 높아진다. 이 설계 방식의 핵심은 가구의 깊이만큼 공간이 뒤로 물러난다는 점이다. 단순히 비어있는 공간에 가구를 배치하는 것이 아니라, 처음부터 수납 가구가 설계된 상태로 공간의 구성이 결정되는 방식이다. 공간 설계의 자유도를 확보하려면 결국 가구까지 건축가가 컨트롤해야 한다.

공간과 가구를 연동하여 설계하다 보면 자연스럽게 할 일이 많아진다. 한 번은 사무실에서 직원과 이런 대화를 나눈 적이 있다.

"우리가 맡은 일은 집 설계인데, 왜 이렇게 가구 설계를 많이 하지?"
"왜 가구 때문에 결정을 기다려야 하는 일이 이렇게 많을까?"
"이 정도면 가구설계비도 받아야 하는 거 아닐까?"

하지만 우리는 알고 있다. 우리가 가구까지 설계하지 않으면, 우리가 만든 공간은 완성되지 않는다는 사실.

사는 집을
리뷰해 주세요

요즘 사람들은 무엇을 선택하든 리뷰와 반응을 먼저 살펴본다. 점심 메뉴 하나를 고를 때도 별점을 참고하고, 생생한 후기가 있으면 신뢰도가 커진다. 한국 영화가 세계적인 수준으로 성장하는 데에도 평론의 역할이 컸다고 한다. 2000년대 초반 씨네21, KINO, 프리미어 같은 영화 잡지와 관련 미디어가 큰 인기를 끌었고, 그 시기를 기점으로 한국 영화는 진지한 평론과 다양한 취향 속에서 분화되며 발전해왔다. 오늘날 봉준호, 박찬욱 감독 같은 거장이 탄생한 배경에는 그러한 흐름과 무관하지 않을 것이다.

리뷰와 평론의 힘은 크다. 창작자에게 어떤 식으로든 영향을 미치며, 때로는 더 나은 방향을 찾는 나침반이 된다. 건축가의 작업에 별점 리뷰는 존재하지 않지만, 건축주의 생생한 경험이 리뷰로 남는다. 단순한 점수로 환산할 수 없는 영역이라 평론이나 생활기에 가까운 형태다.

온당의 안주인이 이루지 못한 아쉬움이 나비의 날갯짓처럼 내 안에 질문을 던졌다. 그 질문은 이후 설계에 영향을 주었고, 또 다른 집을 디자인할 때 계속해서 적용하고 발전해 왔다. 그래서 우주에서는 아주 큰 처마와 9미터가 넘는 붙박이장, 그리고 대범한 윈도우 시트를 담을 수 있었다. 예리한 평론가가 보다 나은 창작자를 만든다. 나를 깨우고, 시야를 넓혀 줄 건축주를 기다린다.

건축주를 위한 건축가의 조언
새집 짓기 전,
지금 집에서 확인할 부분

2

집을 짓는다는 일이 너무 거대하게 느껴진다면, 건축주로서 요구사항을 어떻게 만들어 내야 할지 모르겠다면 가볍게 시작하는 편이 좋다. 나는 집에서 얼마의 시간을 보내고, 집의 어느 부분이 좋고 아쉬웠는지, 경험에서 시작하면 많은 것이 보인다.

좋았던 점 찾고 기록하기
지금 살고 있는 집에서 마음에 들었던 요소를 구체적으로 기록해 보자. 예를 들어, 아침 햇살이 침실에 들어와 기분 좋게 잠을 깨웠다거나, 가구 배치를 바꾸며 느낀 공간의 여유, 조명 위치나 창의 높이에 따라 달라졌던 감정의 변화 등이다.
가족 간의 소통이 자연스러웠던 공간도 주목할 만하다. 종종 계단이나 현관처럼 사소하게 여겨지는 공간에서 그런 경험이 생긴다. 또한 주방, 욕실, 수납 등에서 느낀 편리한 동선이나 기능적인 만족감도 중요하다.

집에 오래 머물러도 답답하지 않고 오히려 여유로웠던 공간, 예를 들어 계절의 변화를 느낄 수 있었던 창문, 마당, 베란다 같은 곳 역시 새집에 반영하면 좋은 요소다. 특히 정신적 여유를 주는 공간은 거창한 거실보다 조용한 작은 코너일 가능성이 높다.

청소나 정리와 관련된 부분도 중요하다. 로봇청소기 사용이 편했는지, 물청소가 수월했는지 등은 생활 습관과 직결되며 실용적인 기준이 된다.

깨닫고 배운 것들 기록하기

살아 보며 깨달은 점은 새집 설계의 가장 귀중한 자산이다. 처음엔 필요 없다고 생각했지만 막상 살아 보니 꼭 필요한 공간이나 기능이 생기기도 하고, 반대로 공들여 계획했지만 거의 사용하지 않거나 불편했던 공간도 있었을 것이다.

수납 역시 중요한 항목이다. 수납의 양뿐 아니라 자주 사용하는 물건이 어디에 있어야 편리한지, 계절에 따라 어떤 물건을 어떻게 순환해야 하는지를 생각해 보자. 이런 작은 깨달음들이 쌓이면 새집은 훨씬 살기 편하고, 나다운 집이 된다.

과거와 미래의 삶 시뮬레이션

새집을 짓기 전에는 지금 살고 있는 집에서 보내 온 시간, 즉 '가족의 역사'를 되짚어 봐야 한다. 처음 이 집에 들어왔을 때와 지금 생활은 분명 달라졌을 것이고, 그 사이에 가족 구성이나 생활 습관, 취향도 변해 왔을 것이다. 아이가 태어나거나 자라고, 직장이 바뀌거나 은퇴를 준비하게 되는 등 삶은 늘 흐르고 변한다. 이런 변화의 흐름을 떠올리며, 앞으로 다가올 5년, 10년 후 생활도 미리 그려 보는 준비가 필요하다. 지금 필요한 공간뿐만 아니라 미래의 라이프 사이클에 맞는 구조와 여유를 설계에 담아야 집이 오래도록 삶에 맞춰 함께 나이 들어 갈 수 있다.

어쩌면 노인이 되었을 때는 실내에 휠체어가 이동할 공간이 필요할지도 모른다. 계단 몇 개가 이동의 걸림돌이 될 수도 있다. 식구가 줄면 빈방이 오히려 천덕꾸러기처럼 느껴질지 모른다. 그러다 결혼한 자녀들이 가족 단위로 머물 너른 방이 필요할 수도 있다. 혹은 언젠가 집을 팔아야 하는 순간도 생길 수 있다. 결국 집을 짓는 일은 단순한 공간의 설계가 아니라, 삶 전체를 조망하고 시뮬레이션하는 일이기도 하다.

아홉 번째 소망:
반려묘 반려견과 함께 사는 집
또 다른 집주인의 등장

우주의 공사가 중반 정도 진행되었을 때, 의뢰인으로부터 책을 한 권 선물 받았다. 『가가묘묘家家猫猫』, 원룸에서 고양이와 함께 사는 1인 가구부터 가족과 반려묘가 함께 어울려 사는 집까지, 고양이와 집에 관한 다양한 이야기를 담은 책이다. 많은 이미지와 여백으로 구성되어 가볍게 뒤적이면서 읽기 좋은 책이었다. 그중 가장 인상적인 부분은 이 대목이다.

'고양이는 거대한 라이프 스타일입니다.'

반려견 반려묘와 사는 집을 설계해야 하는 건축사이지만 나는 동물을 키워본 적이 없다. 그래서 실용적인 정보가 더 필요했다. 예를 들어 개나 고양이의 배변 습관, 식사를 위한 공간의 크기, 습성에 관한

구체적인 정보 같은 것. 기대를 안고 책을 다 읽고 난 뒤에 실망했다. '뭐야, 써먹을 정보가 하나도 없네'라며. 하지만 뭔가 더 큰 메시지가 가슴에 스며들었다. 강아지도 고양이도, 사람도, 함께 사는 공간에 대한 배려와 아끼고 보살피는 마음이 더 중요하다는 사실이다.

건축주 부부의 삶과 생활에 반려동물은 중요한 부분이었다. 결혼 직후부터 개와 고양이를 함께 키웠는데, 펫샵에서가 아니라 갈 곳 없는 보호가 필요한 동물들을 데려왔다. 당시 반려견 막내, 보물이, 반려묘 다슬이와 동거 중이었다. 모두 암컷이라 딸래미 아니고 '털래미'라고 소개를 했다. 털래미들을 위한 구체적인 요청은 아래 세 가지 정도였다.

> 1   고양이와 개를 위한 배변 공간
> 2   산책 후에 발을 씻길 수 있는 수도 설비
> 3   미끄럽지 않은 바닥 마감재

반려동물과 함께하기 위한
사람의 배려

우주를 설계하면서 건축가로서 진짜 신경을 많이 쓴 부분은 고양이 화장실이다. 이전에 다른 집에서 설계할 때 고양이 화장실을 신경 쓰지 못했거나 완성 뒤에 새로 반려동물을 들인 집주인이 화장실 놓을 공간이 없어 낭패를 본 사실을 알고 있기 때문이다. 어떤 집에서는 고양이 화장실이 작은 집 거실의 반을 차지한 적도 있고, 욕조나 샤워실 전체를 고양이에게 내어 주기도 했다. 고양이 화장실을 포함해 그렇게 정해진 자리가 없는 것들은 결국 집 안 곳곳을 전전하고 방황을 하면서 어색한 존재감을 드러내고 건축가는 속상해진다.

'저 아까운 공간을 고양이 화장실로 주다니……'

사람도 동물도 한 공간에서 함께 지내려면 나의 일부를 내어 주고 맞추며 지내야 한다. 이런 경험을 교훈 삼아 그 어렵다는 고양이 화장실을 처음부터 제대로 만들어 주자 다짐했다. 공간 손실 없이! 의뢰인 부부 중에 고양이 담당, 즉 고양이 집사는 남편이었다. 남편은 설계 초기부터 고양이 화장실의 애로사항에 대해서 힘주어 얘기했다.

"맛동산 냄새가 지독해요. 꼭 분리해 주세요. 환기가 잘되는 곳에요."

애묘인들 사이에서 고양이 배설물은 '맛동산'이라고 불린다. 이름만 귀엽지 맛동산 과자의 달콤한 향은 없고 지독한 냄새가 난다. 그래서 차갑고 환기가 잘되는 곳에 고양이 화장실을 계획해 달라는 주문이 있었다. 우주를 짓기 전 의뢰인들이 사는 집의 고양이 화장실은 베란다에 있었다. 거기에 고양이 관련 용품인 사료, 모래 등을 함께 쌓아 뒀다. 베란다는 폭 1.5미터에 길이 4미터 정도로 고양이 화장실로만 쓰긴 너무 컸고, 다른 용도를 겸하긴 맛동산 향의 존재감이 너무도 컸다.

우주 의뢰인의 고양이 화장실을 관찰하면서 화장실의 공간 조건을 생각해 보았다. 고양이 화장실은 별것 아닌 것 같지만 계획하기가 쉽지 않은 이유가 있다. 체적은 크지 않지만, 위치 제약이 크기 때문이다.
첫째, 크기는 가로 세로 높이가 대략 60센티미터에, 출입구가 필요하다. 평면상으로 화장실은 웬만한 냉장고나 세탁기 크기인데, 위로 남는 공간이 많다. 평면적으로만 볼 것이 아니라 입체적인 접근이 필요하다.
둘째, 냄새를 빼기 위해서는 환기가 잘되는 외벽에 접해야 한다. 창문과 만나는 곳은 방에서도 한 면밖에 없는, 사람에게도 귀한 공간이다. 하물며 아파트에서는 사람 화장실도 창문이 없지 않은가. 자연 환기가 되는 공간이면 창문이 있는 방이나, 베란다나 다용도실 같은 곳인데 우주는 공간 구조상 그런 곳이 없었다. 구조적인 한계에 부딪혔다.

『가가묘묘』를 읽고 난 그즈음이었을 것이다. 아끼는 마음으로 우주의 설계도를 다시 들여다보았다. 집 주치의로서 건축가인 나는 모든 조건을 적극적으로 해석하고자 했다. 간단한 처방전이 아니라 수술이라도 할 기세로 집을 다시 샅샅이 스캔하고 살폈다. 우주의 독특한 집 안 구조상 생기는 다목적 수납 공간 갤러리가 있었다. 냉장고와 세탁기가 들어가는 라인이라 평면상으로 고양이 화장실 크기에 적합했다. 계획상으로 완벽한 수치와 수납의 켜라는 공간의 성격에도 맞아떨어졌다. 아무리 봐도 내 눈에는 그곳이 수납장과 고양이 화장실을 입체적으로 구성하기 적합한 곳이다.

공간 크기와 배치에는 적합했지만 문제가 있었다. 그곳이 냉장고 옆이라는 것이다. 사람 음식 옆에 고양이 화장실이라니, 청결 구역clean zone과 오염 구역dirty zone의 공존이었다. 무엇보다 집 안 구조상 창문도 없고 양쪽 옆면이 실내로 막혀 환기가 전혀 안 되는 공간이다. 지독하다는 맛동산 냄새가 퍼지면 모두가 화생방 훈련실에서 독가스를 마시게 되리라는 걱정으로 당연히 집사는 주저했다.

"소장님, 아무리 그래도 저기는 냉장고 옆인데, 화장실을 둬도 될까요?"
"여기밖에 자리가 없습니다."

집 속의
또 다른 집

설계는 x, y, z 치수가 있는 입체적인 공간 디자인이고, 설비는 기술로 해결하면 된다. 총대를 멘 건축가는 그 안에 환기 팬을 설치하고 안방 화장실을 통과하여 외벽으로 강제 배기를 하는 방법을 제안했다. 고양이 화장실은 주방 수납장 안에 쏙 들어가게 제작하면 된다고 의뢰인과 시공사 현장 소장님, 제작 가구 업체 사장님을 설득했다. 플라스틱으로 만든 이동식 화장실을 수납장 안에 넣을 수 있게 더 큰 케이지를 가구로 만드는 것이다. 말하자면 제작 가구인 수납장 안에

냉장고 옆 고양이 화장실, 누가 상상했을까?

고양이 화장실을 끼워 넣을 수 있는 '플러그인 시스템'이다. 냄새 배출을 위해 수납장 안에는 환풍기를 단다. 사람 화장실에서 쓰는 그 환풍기다. 묘분 냄새가 지독할지언정, 화장실 크기 대비 환풍기의 강제 배기 효과가 뛰어나서 냄새가 퍼질 틈 없이 배출한다.

이 정도까지 발전이 되었다면 승부는 디테일이다. 집사가 화장실을 쉽게 청소할 수 있게 슬라이딩 인출장을 만들어서 넣었다. 슬라이딩 서랍장은 전기밥솥 인출장에 쓰던 그것이다. 그리고 사람 화장실과 똑같은 사양의 힘펠 환풍기를 설치했다. 명실상부 '다슬이 화장실'이었다.

'고양이 전용 화장실 시스템 제작 가구'는 이전에 해 보지 않은 것이었다. 그래서일까 진행에 저항이 많았다. 시공사 현장 소장님과 제작 가구 사장님은 처음엔 받아들이지 못했다.

"굉이한테 너무 럭셔리한데요?"
"아니 무슨 사람 화장실에 쓰는 환풍기를 달아요?"
"이거 안 만들어 주면, 온 집 안이 고양이 화장실이 될 거예요."

그렇게 고양이를 천대하면서 굉이라고 부르며 반대를 하던 현장 소장과 가구 사장님도 취지에 공감하자 적극적으로 아이디어를 내면서 고양이 화장실 건립 공사의 완성도를 높여 주었다. 슬라이딩 인출장은 가구 사장님의 제안으로, 이왕 하는 거 확실하게 해야 한다며 현장 소장님은 성능 좋은 힘펠 환풍기를 달아 줬다.

우주가 완성된 뒤 우주의 반려묘 다슬이가 맘에 들어 할까 고민하던 공간은 아주 잘 쓰이고 있다는 제보를 받았다. 처음에는 환기팬에서 나는 소리와 불빛 때문에 무서워했지만 이젠 익숙해졌다고 한다. 건축주가 촬영해서 보내 준 동영상에는 다슬이가 조심스럽게 화장실에 들어갔다가 개운하고 가벼워진 모습으로 사라지는 뒤태가 잘 담겨 있다.

우주가 완성되고 한참 뒤에 글을 쓰면서, 고양이 화장실에 대한 조건이 있지 않을까 검색해 봤더니 아래와 같은 내용이 나왔다.

<고양이 화장실 조건>
1. 쉽게 찾을 수 있을 것
2. 사료와 물을 먹는 장소, 잠자리와 떨어져 있을 것
3. 프라이버시가 지켜지는 곳일 것
4. 고양이는 큰소리에 민감하므로 조용한 곳일 것
5. 불이 꺼져도 너무 어둡지 않을 것
6. 통풍이 잘되는 곳일 것

세상에! 이렇게 조건이 많고 명확했는데 고양이에 대해 잘 모르는 나는 우연히도 적절한 장소를 찾아 조건을 만족하게 하는 해법을 만들어 낸 것이다. 갤러리가 메인 동선이 아닌 뒤 공간이라 조용하고, 천창이 있기에 너무 어둡지 않다. 안도한다. 이래서 우주 고양이 집사가 '고양이가 잘 써 줄지 모르겠다'라는 말을 남겼나 보다.

고양이 발코니

창문에 코를 박고 창밖을 구경하고 있는 강아지나 고양이를 보면, 대체 뭘 보고 무슨 생각을 할까 궁금할 때가 있다. 고양이, 강아지는 창밖 구경을 좋아한다. 우주를 설계할 때 고양이만을 위한 창을 만들어 주고 싶었다. 높은 곳을 좋아하는 고양이를 위해 캣워크를 만들고 그곳을 통해서만 볼 수 있는 창 같은 것 말이다.

거실 서쪽 큰 창 위에는 작은 창이 하나 더 있다. 다락 높이지만 바닥 면은 연결되지 않은 높은 층고의 벽면이다. 이 작은 창은 다슬이를 위한 창이다. 원래는 여기에 연결되는 캣워크를 만들 계획이었는데, 집 내부 공간과 자연스레 연결되는 캣워크가 만들어지지 않았다. 꽤 높은 곳이어서 고양이가 실수로 떨어지기라도 하면 안 될 거 같았고, 고양이의 몸집을 생각하니 캣워크가 구조적으로 얼마나 튼튼해야 할지 가늠이 쉽게 되지 않았다. 그래서인지 창문과 연결되는 캣워크는 집사도 건축가도 강력하게 주장하지 못했다.

캣워크로 연결이 되지 못했지만, 그 창은 다른 역할을 하고 있다. 우선 서향 입면에 적당한 비례감으로 표정을 만들어 준다. 고양이를 생각해서 설계한 높고 작은 창이 없었으면 좀 더 심심했을 것이다. 사람이 서서 보는 높이의 창은 아니지만, 실내에서도 계단이나 다락에서 다양한 외부 모습을 볼 수 있는 창이다. 각도에 따라 마을이나 하늘이 액자처럼 들어온다.

공간의 주인공을 상상하다
페르소나의 설정

고양이를 위한 창은 다른 곳에 구현이 되었다. '고양이 발코니'라고 부르는 이곳은 다락을 올라가는 계단과 갤러리가 이어지는 계단참의 작은 공간이다. 설계 초기에는 가로 725밀리미터, 높이 1500밀리미터 정도의 평범한 네모의 창으로 계단참에서 갤러리의 복층 상부 공간을 시선으로 연결하는 실내 창이다.

실내 창은 꼭 필요하진 않을 수 있다. 하지만 공간을 시선으로 연결해 주고 창의 프레임과 프레임이 겹치면서 넓게 보이는 효과가 있다. 현대의 공간, 특히 아파트 창은 죄다 외부만을 향해 있지만, 한옥을 비롯한 좋은 건축물에는 실내와 실내를 연결하는 창과 문이 많다. 실내에 내는 창은 내외부의 명확한 구분이 없기에 공간을 넓고 깊게 느끼게 한다. 우주 계단참의 실내 창은 잠깐 걸터앉을 수 있는 창턱 정도를 생각했다. 창에 유리는 꼭 필요하진 않았다.

실내 창이라는 다소 낯선 부분이어서 그랬을까? 현장에서도 건축주도 그 창의 존재를 모르고 있었다. 정확히는 현장에서 그 창을 빼먹고 공사 중이었다. 시공 중에 이 창을 어떻게 할지를 토론을 하게 되었다. 그러던 중 집사인 의뢰인 남편이 '고양이를 위한 창'이 되면 좋겠다는 의견을 냈다. 내부 창이 있는 공간의 페르소나가 생긴 것이다. 페르소나는 영화나 문학에서 주요 캐릭터나 주인공을 의미하는 용어다. 건축설계에서도 어떤 공간의 주인공을 구체적으로 상상하여 설계를 진행해야 할 때 페르소나를 설정하곤 한다.

개성 넘치는 페르소나와 함께 드라마틱해진 공간

창의 주인공이 고양이로 정해지고 나니 진행에 속도가 붙었다. 창의 폭과 높이는 고양이의 체구와 행동반경에 맞춰 작게 조정이 되었다. 가로세로 600×1200밀리미터 정도면 괜찮다. 고양이는 창문에 앉아 구경하는 것을 좋아하니 창턱이 꽤 튀어나와야 했다. 창턱을 동선이 있는 계단 쪽이 아닌 갤러리 방향으로 내어 만드니 안정감이 생겼다. 거기에 구경하는 데 방해되는 유리 대신 개방형으로 만들고 추락방지용으로 난간을 설치했다. 창보다는 작은 실내 난간이 되었다. '고양이 발코니'라는 이름이 생겼고 이에 걸맞게 난간도 귀염성 있게 반원 모양에 동그란 난간 살을 사용한다. 바닥은 따스한 느낌의 자작나무 합판이다. 찬 바닥에는 앉지 않는 고양이 습성을 고려했다.

모든 것이 고양이를 위한, 고양이의 스케일로 만들어졌지만 사람에게도 사랑받는 곳이 되었다. 다슬이가 적당히 몸집이 있어서, 어린이는 충분히 앉고도 남고 성인은 한 명이 즐기기 좋은 공간이 된 덕분이다. 거기에 앉아 있으면 구경거리가 많다. 고양이 발코니 위로는 갤러리 천창 너머 하늘이 보이고, 아래로는 바위 정원이 보인다. 입체적인 공간감과 천창이 만들어 낸 시시각각 다른 풍경이 있는 덕분인지 포토존이 되었다. 이상하게도 끌리는 공간이라 자꾸 바라보게 만든다. 다락에서 내려가다가 고양이 발코니에 기대어서 보기도 하고, 계단에 앉아서 시선을 한참 머물게 하는 공간이다. 이 공간은 1인용 공간으로 사랑받고 있다. 부부는 상대가 먼저 잠들고 나면 차를 가지고 거기에 앉아서 차멍이나 독서멍에 빠진다고 한다.

고양이 덕분에 풍부해진 공간은 포근하면서도 실내에 숨통을 트여주는 작지만 따스한 공간이다. 반려동물이라는 생명체가 그러하듯.

열 번째 소망:
많은 책 수납이 깔끔하게 되는 집
생활과 패턴을 이해해야
해결할 수 있는 수납

우주 의뢰인이 살던 집의 첫인상은 '책이 많은 집'이었다. 보통의 집은 현관문을 열고 들어가면 처음 보이는 거실 벽에 텔레비전이 있다. 하지만 민 님, 준 님이 살던 집은 그 자리에 벽 가득 책장이 채웠고, 대형 나무 테이블이 앞에 있었다. 텔레비전과 소파가 있는 거실이 아닌 서재와 작업실로 사용했다.

구석구석 책이 있는
집

책이 너무 많았는지 주방 냉장고 옆자리에도 책장을 두었다. 그 집 냉장고장은 두 대를 나란히 놓을 수 있는 너비였다. 그 자리에 냉장고 하나만 두고 옆은 책장이 차지했다. 상대적 존재감이 너무 왜소했다.

"이 책장은 오갈 데가 없어서 여기 왔나 보네요."

나의 오해였다. 주방에 있는 책은 요리에 관한 책이었다. 요리에 진심이고 커피와 차를 즐겨 마시는 부부의 취미에 맞는 요리 관련 책을 주방의 한쪽에 두며 즐겨 봤다. 가만히 살펴보니 요가를 하는 방에는 요가와 명상 관련 책이 있고, 안방 화장대에는 만화책이 있었다. 만화책을 보는 공간은 뒹굴뒹굴하기 좋은 곳이어야 하는데, 부부에게 침실이 그 역할을 하는 듯했다. 부부는 책을 활동 공간마다 분산해서 두었다. 공간마다 용도와 목적에 맞추는 의도로 그들이 책과 삶을 향유하는 형태였다.

용도별 수납
활동별 수납

책이라는 단일 수납이 아니라 그들의 라이프 스타일에 맞는 수납 시스템을 정의해야 한다. 나에게 책은 아직도 선입견이 있는 영역이다. 책은 내게 소장용이다. 책은 깨끗하게 보고, 책장이라는 공간에 꽂아 두는 것이다. 책장이 있을 장소는 서재나 책상 옆이지 조리 공간 옆은 아니다.

책은 꺼내 와서 읽고 다시 가져다 둔다는 고정관념. 아직도 도서관에서 책을 빌려서 열람실에서 읽던 습관이 남아 있다. 책을 소중히 하는 문화에 길들어 그럴 수도 있다. 심지어 학창시절에 새 교과서를 받으면 책을 또 다른 종이로 포장하곤 했다. 반면 요즘은 책에 대한 인식이 많이 달라졌다. 대형서점에 가면 음료를 마시면서 책을 볼 수도 있고, '책맥'이라는 말이 있듯이 책을 보면서 와인이나 맥주를 한 잔하는 문화가 낯설지 않다.

우주의 의뢰인들에게 책은 라이프 스타일과 연결된다. 책이 있는 공간에는 여지없이 다른 짐이 있었다. 나에게 '책'은 일종의 단일 용도의 사물이었고, 우주 의뢰인에게 책은 취미를 도와주는 도구 중 하나였다. 라이프 스타일에 맞춰 책과 짐을 수납할 공간이 필요했다.

공간마다 나눠 두기
잘 몰아 두기

책에 관해서는 집 주인의 삶에 맞춘 처방이어야 옳다. '책을 한 번에 섭취하지 말고 공간마다 잘게 쪼개 섭취할 것' 건축주의 삶을 들여다볼 때 한곳에 책을 넣는 게 아니라 각각의 공간에 적합하게 미니 라이브러리를 구성해주는 방식이 더 바람직해 보였다. 앞서 말했듯 설계 초기의 집의 콘셉트는 'house of many corners'로 코너가 많은 집이라는 개념을 붙였다. 코너는 취미 코너들을 말한다. 즐기는 코너에 관련된 책을 두어 뒤적이며 아이디어도 얻고, 책 어디에 있는지 찾으러 다니지 않아도 된다. 건축주가 적극적으로 원하는 바였다. 설계 초기부터 주방 아일랜드 중 일부를 책꽂이로 만들어 음식 관련 책을 두고 싶다고 했다. 거실에는 주 책장을 두고, 공간의 코너마다 책과의 동거가 어색하지 않도록 책의 공간을 설계에 미리미리 반영했다.

모든 취미는 공간이 필요하다. 책을 비롯한 수납공간이 많이 필요한 이유는 크게 두 가지일 것이다. 먼저, 있는 것을 버리지 못할 때이다. 수집이든 추억이든 정기적으로 버리지 못하면 계속 늘어만 간다. 당시의 의뢰인 부부는 적어도 이 상황에 해당하지 않았다. 양평으로 정착하기 직전 미국에 주재원으로 가서 살 예정이었던 부부는 웬만한 생활용품은 팔고 꼭 필요한 것만 남겼다고 했다. 이전에도 나라를 몇 군데 옮겨다니며 생활해서 짐은 나름대로 필요한 것들에 집중되어 있었다. 집 정리는 보통 이사 때 하지 않던가.

어느 출판사 대표는 책을 정기적으로 버린다고 한다. 책에 먼지도 많이 쌓이고 책이 자꾸 늘어나는데 다 가지고 있을 공간이 없다는 것이다. 집을 계속 키울 것이 아니면 책이든 뭐든 주기적으로 정리해야 한다. 집을 지을 때 땅값이나 자재에 따라 비용은 천차만별이지만 백 번 양보해서 집을 지을 때 순수 건축비가 평당 천만 원이라고 보고 단순한 계산만으로도 어떤 짐이든 3.3미터에 1미터를 곱한 공간을 차지할 때, 그 가치가 천만 원이 안 되면 버리는 편이 낫다.

두 번째는 새로운 취미활동이나 수집을 할 때다. 취미활동에는 돈과 시간, 공간이 필요하다. 골프가 취미라면 필드에 갈 경제적, 시간적 여유만 있는게 아니라 골프채나 계절별 골프용품, 즉 옷, 장갑, 모자 같은 것을 둘 공간 계획이 함께 따라와야 한다. 건축가가 볼 때 가장 비싼 취미는 '수집'이다. 수집 자체가 가치가 있는 무언가를 모으는 일일 테니 수집품에 드는 비용이 상당할 것이다. 무엇보다 수집한 것을 모아 둘 공간이 필요하다. 공간 부자여야만 수집을 할 수 있다.

그런 의미에서 우주 부부는 수납이 많이 필요했다. 그들은 즐기는 취미가 많았고 활동하는 관심 분야가 적지 않았다. 수집하는 그림들이 늘어나고 있었고 반려동물을 위한 용품도 각각이 한 덩어리씩 어딘가에 자리를 차지하고 있다.

보이게 또는
안 보이게

우주에는 천장 끝까지 2.3미터 벽체가 전부 수납장인 곳이 있다. 길이는 무려 9미터에 달한다. 그 수납 공간은 서재와 안방이 있는 안방존의 북쪽면으로, 말하지 않으면 그냥 벽이려니 하는 곳이다. 공간에 딱 맞게 짜서 넣은 수납장은 일률적으로 70센티미터 깊이다. 옷을 옷걸이에 걸고 문을 닫을 수 있는 넉넉한 공간인데 수납 중에도 깊이가 제일 필요한 이불 수납 기준이다. 책장은 30센티미터면 충분하고도 남지만, 오히려 깊은 수납장이라 쓸모가 더 있다. 두 겹으로 꽂을 수도 있고, 크고 두꺼운 책들도 문제가 없다.

붙박이장에 문을 달지 말지는 공간 주인의 취향과 선택에 달려 있었다. 문이 없는 오픈 수납장은 자주 쓰는 물건을 올려놓기 좋고, 진열대 같은 역할을 한다. 물건이 눈에 보여야 찾기도 좋고 마음이 편한 사람은 문이 없는 오픈 장이 좋다. 먼지가 쌓이는 것이 걱정되면 유리문이다. 투명 유리뿐만 아니라 은은하게 보이는 간유리나 모루유리 등으로 실루엣만 보이게도 할 수도 있다. 문이 있으면 시각적으로 정리가 되어 좋다. 아예 문을 미닫이문으로 군데군데 일부만 막고 일부는 열린 채로 남겨 놓는 방법도 있다. 수납장 문의 구성만으로도 이렇게 선택의 여지가 많다. 소재와 색상 그리고 조명까지, 선택하기에 따라 다른 인테리어가 필요 없을 정도다.

풍경과 수납을 안은
윈도우 시트

우주의 9미터 수납장은 모두 막힌 수납으로 벽처럼 보인다. 벽 전체가 수납이면 답답하고 숨 막히는 기분이지 않을까 염려가 될 테지만, 우주의 수납장에는 숨통을 트이게 하는 요소가 따로 있다. 그것은 수납장 사이마다 보이는 적절한 크기의 창이다.

서재의 수납장 안에 있는 창은 폭 1.2미터에 높이가 1.5미터인데, 방 바닥에서 45센티미터 위에 있다. 45센티미터를 띄운 이유는 앉을 수 있는 공간, 바로 윈도우 시트를 위해서다. 윈도우 시트의 깊이는 90센티미터다. 깊은 수납장 일부를 비워 내어 창을 만들었기에 이불장의 깊이 70센티미터에 벽체 두께까지 더해진 깊이가 윈도우 시트의 공간이 된 것이다. 그 창으로 보이는 풍경은 목가적이다. 옆집의 잘 가꾼 정원과 잘생긴 집이 그림처럼 보인다. 낮고 큰 창은 편안하고 여유로운 분위기를 만들어 준다.

반면, 안방 수납장은 1.5미터 높이에서 시작하는데 가로가 긴 파노라마 창이 윗쪽에 있다. 높고 좁고 옆으로 긴 창은 외부 시선은 막아 준다. 낮은 창이 가까운 것을 자세히 보는 창이라면 높은 창은 먼 풍경을 올려다보게 한다. 이 창을 통해 산이 파노라마 사진처럼 보인다. 여름에는 짙은 녹색, 눈이 내리면 하얀 설산이 되는 매번 바뀌는 풍경이다. 침대에 누우면 하늘만 보여서 구름 흘러가는 풍경을 구경하기에 좋은 창이다.

두 창은 각각 다른 느낌인데 함께 있는 균형이 좋다. 서재의 창은 크고 시원하고 근경의 편안함이라면, 안방의 창은 절제되어 있다. 두 공간을 이어 주는 하나의 수납장 안 두 개의 풍경이 공간의 분위기를 만든다. 이런 창의 풍경에 집중하기 위해서는 수납장은 배경이 되는 것이 좋다. 그래서 벽과 같은 색상의 문을 달아 벽처럼 느끼게 하는 것은 자연스러운 결정이었다.

자주 쓰는 물건이나 옷의 공간은 따로 있다. 서재와 안방을 연결하는 통로의 간격을 넓혀 수납의 켜가 숨어 있는데 여기는 오픈 장이다. 넓은 드레스룸을 영어로는 'walk in closet'이라고 하는데, 이곳은 문으로 연결되지 않고 동선이 트여 있는 'walk through closet'이다. 양쪽 길이를 합하면 5미터가 되니, 웬만한 안방 장롱은 수용하고도 남는다. 여기에는 굳이 문을 달 필요가 없다. 주 동선에서 90도 돌아서 가야 하는 통과 동선이라 지저분한 것이 있어도 눈에 거슬리지 않고, 자주 쓰는 물건과 옷을 걸어 두는 용도에 적합하다.

공간에 녹아 있는 이 수납장의 수용량은 얼마나 될까? 단순한 계산으로 길이와 깊이와 높이를 곱하면 '9m×0.7m×2.3m=14.49㎡'다. 아파트 작은방이 '2.1m×3m×2.3m=14.49㎡' 정도임을 생각하면 작은 방 하나를 빼곡히 수납으로 채운 것과 같다. 방을 수납으로 쓰면 물건을 찾는 동선은 만들 수 없으므로 실질적으로는 따로 방을 만드는 것보다 훨씬 효과적이다. 동선과 연결되어 있어 기능적으로 편리하고, 공간의 구조에 녹아 있어 풍경 창과 어우러져 보기에도 좋다.

벽처럼 보이는 9미터의 수납장

그 외에도 본래 실내 창고와 팬트리 용도를 합한 갤러리 벽의 양면에 수납이 있다. 계단 밑 공간은 큰 짐을 넣어 두기 좋게 진짜 실내 창고처럼 쓰는 곳이고, 다락의 윈도우 시트도 벽 전체가 수납이다. 보일러실을 겸하는 외부 창고도 따로 있으니 40평의 단독주택 치고는 수납의 비중이 꽤 높다. 쟁이고 채울 수 있는 공간이 이렇게 많게 설계가 되었으니, 시쳇말로 '널널하게' 쓸 수 있으리라 생각했다. 칭찬을 기대하는 마음으로 의뢰인들에게 집은 쓸 만한지 물어보았더니, 돌아온 대답은 대반전이었다.

"소장님 집에 큰 짐 들어갈 수 있는 곳이 없어서 일부는 본가에 맡겨 놨어요."

짐이란, 자가증식을 하나 보다. 아니 화수분인가? 짐을 늘이고 싶고 버리지 못할 때 한번 떠올려 보시라.

"한 평에 천만 원입니다."

절대 안 팔고 싶은 집
나에게 맞춤인, 머물고 싶은 공간

"그동안 어떤 집에 살았고 이사를 몇 번 하셨나요?"

건축주에게 물어보는 중요한 질문 중 하나다. 나는 총 열다섯 군데의 집에서 살았다. 태어나서 초등학교를 졸업할 때까지는 두 곳의 단독주택에서 살았고 그 이후는 아파트, 기숙사, 오피스텔, 빌라의 하숙방 등 다양한 형태의 주거 공간에서 살아왔다. 대전과 충남권에서 유년을 보낸 뒤 대학과 직장을 다니면서 서울살이를 시작했다. 네덜란드 로테르담과 암스테르담 그리고 중국 베이징에서도 거주했었다. 이사 횟수를 거듭할수록 주거 공간이 얼마나 다양한 형태로 존재하는 지 알게 되었다. 아파트만 보더라도 우리나라와 네덜란드, 그리고 베이징의 주거는 사뭇 다르다. 중국은 요리에 진심이니 주방이 클 것이라 짐작했지만,

막상 가보면 의외로 작은 경우가 많다. 불과 기름이 많이 쓰이다 보니 오히려 환기와 청소가 편리하도록 최소한의 공간에 기능을 집중시킨 탓일 것이다. 홍콩은 그보다 더 극단적이다. 집이 워낙 좁아 아예 간이 주방만 두는 경우가 흔하다. 덕분에 아침부터 저녁까지 집 밖에서 끼니를 해결하는 일이 하나의 생활 방식으로 자리 잡았다.

내가 국내외의 여러 군데 집을 살아 보고, 건축가가 되어 타인의 집을 설계하면서 알게 된 사실은 집이란 정말 다양한 구조가 가능하다는 점이다. 개인 주택을 설계할 때는 건축주의 주거 경험을 꼭 물어본다. 첫 번째로 집에 대해 어느 정도 이해하고 있으며, 자신에게 필요한 공간을 요구할 수 있는지 가늠하기 위해서다. 그리고 자기의 라이프 스타일에 맞춘 집이 그간 경험해 본 집과 다른, 개성이 넘치고 관습적이지 않은 부분에 대해 얼마나 받아들일 수 있는지 알기 위해서다.

단독주택과 공동주택

단독주택과 공동주택의 차이를 이해하기 쉽게 비유하자면, 마치 수동 변속기 자동차와 자동 변속기 자동차 운전 차이와 비슷하다. 아파트나 빌라 같은 공동주택은 집주인이 실내 공간만 신경 쓰면 된다. 건물 외부나 구조적인 부분은 관리사무소에서 맡아 하니, 거주자는 엑셀과 브레이크만 밟으면 되는 자동 변속기 자동차를 운전하듯이 할 일이 많지 않다. 관리가 편리하고, 신경 쓸 일이 적다. 반면 단독주택은 다르다. 내부뿐만 아니라 외부 공간까지 책임져야 한다. 심지어 지붕도 있고, 땅에 닿는 면도 있다. 날씨에 따라, 계절에 따라 신경 써야 할 부분이 많다. 마치 수동 변속기 자동차를 운전하듯이 속도를 올리려면 클러치를 밟고 기어를 변속해야 하고, 엔진 소리와 RPM 게이지를 보며 차량의 상태를 점검해야 한다.

거기에 단독주택을 '지어서' 사는 일은 주문 제작한 수제 수동 변속기 자동차를 운전하는 것과 같다. 공장에서 찍어낸 기성품이 아닌, 자신의 취향과 필요에 따라 맞춤 제작한 차다. 가속 페달을 밟을 때마다 기대했던 엔진 소리가 나고, 핸들을 돌릴 때마다 손맛이 느껴진다.

자동차가 이 정도인데, 매일 생활하는 집은 어떨까? 좋아하는 재료, 맞춤형 공간, 원하는 라이프 스타일이 반영된 공간에서 살아간다면, 매 순간이 만족스럽다. 관리하는 과정조차 즐거운 일이 된다. 단순한 취미가 아닌, 가족과 함께 행복을 나누는 공간이라면 그 만족감은 더욱 커진다. 자동차는 공업 생산품이라 공장에서 기계가 만들어내지만, 집은 사람이 손으로 만드는 수작업 제품이다. 그러니 요구 사항이 디테일하고 구체적일수록 나에게 더 맞춤한 집이 탄생한다.

처음에는 어렵고 부담스러울 수 있다. 하지만 한 번 이해하고 나면 단독주택은 운전의 재미를 마음껏 누릴 수 있는 수제 스포츠카 같다. 다루는 법을 알게 되면, 공간이 주는 기쁨과 자유를 만끽할 수 있다.

주거에도 필요한
테이스팅

집을 지을 마음이 있다면 자기에게 맞는 집을 알기 위해 단독주택을 직접 경험해 보면 가장 좋다. 전세나 월세라도 괜찮다. 적어도 사계절은 겪어 봐야 한다. 혹한도 견디고, 찜통더위와 폭우도 경험해야 내가 정말 같이 살만한 집이 무엇인지 알 수 있다. 이사할 집을 제대로 고르려면 흐리고 비 오는 날 둘러보라 하지 않던가. 햇살이 좋고 화창한 날에는 단점이 가려질 수 있기 때문이다. 반대로 좋지 않은 날씨에도 불편함이 덜하다면 그 집은 더 신뢰할 만하다. 나쁜 상황을 알아야 평균적으로 평온하게 살 수 있는 법이다.

그렇게 직접 단독주택에서 살아 보면, 자기 몸에 맞는 집에 대해 감이 생긴다. 어떤 점이 좋고 불편한지, 무엇을 추가하고 빼야 하는지 자연스럽게 깨닫게 된다. 그런 경험이 쌓이고 나서야 비로소 생명력 있는 집 짓기 요구 사항이 나온다. 단순히 감각적으로 '이런 집이 좋을 것 같다'가 아니라, '내게 진짜 잘 맞는 집'을 구체적으로 떠올릴 수 있게 되는 것이다. 마치 좋은 와인을 알아가기 위해 여러 종류의 와인을 테이스팅하는 것처럼, 주거도 경험을 통해 내 취향을 찾아가야 한다. 직접 살아 보는 것만큼 확실한 테이스팅은 없다.

우주만의 특별함
혹은 특이함

우주의 건축주는 한국에서 여섯 군데, 미국에서도 여섯 군데의 집을 경험했다. 서울, 대전, 분당 등 여러 도시에서의 거주 경험과 미국과 호주에서의 생활을 통해 다양한 주거 형태에 대한 경험을 쌓았다고 한다. 나와 비슷한 정도의 경험을 가진 만큼 단독주택에 대한 소망을 전달할 때 구체적이고 특별한 요구를 담아냈다. 부부의 열한 가지 소망에는 두 사람의 성격, 반려인과 반려동물과의 관계뿐만 아니라, 아침에 일어나서 잠을 자기까지의 하루 루틴이 세밀하게 스며 있다. 소유와 존재에 대한 깊은 고민도 그 안에 녹여 냈다.

단독주택을 설계할 때, 나는 건축주의 특별하고 남다른 요구에 초점을 맞춘다. 우주와 같은 건축주는 일반적인 집의 규범을 따르지 않는다. 예를 들어, 남향의 거실이 없다고 해도 전혀 문제가 되지 않는다. 오히려 거실처럼 보이는 곳에 텔레비전을 두지 않기를 원한다. 주방이 완전히 오픈되어 있다는 점, 냉장고가 주방에 없다는 점도 문제가 되지 않는다. 오히려 냄새가 나지 않아서 좋다고 말한다.

넓은 거실과 터진 공간, 다락의 유용성도 우주에게는 더할 나위 없이 적합하다. 두 사람만의 공간으로, 단절감 없이 운동도 할 수 있고 멀티 공간으로 활용할 수 있다. 일반적으로 많은 사람들은 작은 방 두 개를 선호할 수 있지만 우주는 하나의 넓은 다락이 더 잘 어울린다.

우주는 '남들은 그렇게 하지만 우리는 이렇게 하는 게 더 좋아!'라는 태도로 집을 구상했다. 규범에 얽매이지 않고, 자신들에게 딱 맞는 공간으로 채우고 완성한 집이 바로 우주다. '우주만의 특별한 공간'은 그들의 생활 스타일과 깊이 연결되어 있으며, 전통적인 집 구조에 의문을 던지고 새로운 가능성을 제시하는 공간으로 탄생했다.

번외의 소망1:
차고 사투기
이상과 현실 사이의
선택

단독주택살이의 제일가는 장점 중 하나는 내 차를 내 집에 댈 수 있다는 점이다. 늦은 밤 귀가해서 차 댈 곳이 없을까 봐 빙빙 돌아다니지 않아도 되고, 자리가 없어 아주 멀리 차를 댄 채 많은 짐을 이고 지고 낑낑거리며 들고 오지 않아도 된다. 내 차를 위한 공간이 내 집에 반드시 있다. 아니 있어야만 한다. 건축법 때문이다.

지자체마다 조금씩 규정이 다르지만, 신축을 기준으로 15평이 넘어가면 한 대 이상의 주차 공간을 설치해야 한다. 서울시 주차장 조례에 따르면 집의 전체 면적이 50제곱미터 이상이면 1대, 면적과 세대에 따라 다르지만 우리가 생각하는 보통 규모의 집이면 2대 규모의 주차장을 설치하게 된다.

또 지하주차장이 있는 아파트에 살다 단독주택에서 살게 되었을 때, 제일 낯선 일 중 하나는 차가 비바람을 맞을 수밖에 없다는 사실이다. 앞서 말한 주차장법은 주차할 수 있는 공간을 할애하라는 것이지 '차고'나 '지하주차장'을 만들라는 뜻은 아니다. 차를 위한 공간이 어떻게 만들어질지는 전적으로 건축주의 취향과 의지 그에 따른 공간 계획에 달려 있다.

차를 위해 방을 내어 줄 수 있나?

차를 위한 공간은 전적으로 집주인이 차를 대하는 태도나 집의 설계 조건에 달렸다. 차고를 만들고도 길가 주차가 편해서 차고를 개에게 내어 준 건축주도 있었다. 목적과 다른 공간이라 개가 쓰기인 너무 큰 집이었다. 반면에 처음에는 차고가 필요 없다고 했는데 설계 후반에 차 두 대가 비 안 맞게 해 달라는 요청 사항이 뒤늦게 들어와서 고생했던 적도 있다.

차가 들어가는 공간은 도심지에는 방 한두 개의 자리를 내 줘야 하는 큰 변수다. 예산에 민감한 건축주 대부분의 특성 때문에 집 짓기에 막연하게 접근하는 초반에는 차고를 원하다가 현실적 제약으로 포기하는 사례도 많다. 그러다가 겨울철을 지내 보고 차가 얼었다든지 노외주차로 고생한 뒤에 차고 지을 생각을 한다. 아쉬운 것은 처음부터 차고 계획이 있었으면 집과 어울리는 조형이나 대지 전체를 야무지게 쓸 수 있는 계획이 따라 올 터인데 뒤늦은 추가로 맥락에 맞지 않는 구조가 된다는 점이다. 싸게 싸게 혹은 이왕 짓는 거 크게 만들어 버리자는 접근으로는 집과 잘 어울리지 않는 결과가 나온다.

좁고 삐뚤빼뚤한 우주의 진입로

'우주'의 의뢰인은 차에 관해서는 상당히 실용주의자였다. 차를 굉장히 소중히 다루거나 흔히 말하는 '모시고' 사는 사람은 아니었다. 양평은 교외라 대중교통이 편리하지 않다. 차는 제3의 발처럼 자주자주 써야 하는 꼭 필요한 이동 수단이었다. 나는 현장을 갈 때 주로 기차를 탔는데, 양평역에 내리면 건축주가 데리러 와 줬다. 우주 의뢰인의 차를 타면 그간 차 안에 누가 탔고 뭘 했는지 알 수 있을 정도의 흔적이 가득했다.

차고에 대해 부부가 다소 이견은 있었지만 비슷하게 최소의 요건만 원했다. 준 님은 가능하면 차고의 형태를 갖췄으면 했고, 민 님은 비나 눈은 피할 정도로 지붕은 있는 공간에 차를 세우고 싶어 했다. 이 정도를 생각한 이유는 대지 조건 때문이다.

집이 앉혀질 집터는 꽤 좋았지만 진입로가 좁고 대지 경계선 모양이 이상했다. 언덕 하나를 여러 개의 필지로 쪼개서 개발한 땅이었는데, 끝자락 우주의 터는 개발을 위한 최소 요건만 갖춘 땅이다. 폭 4미터의 진입로가 7미터 가량의 길이로 도로와 연결되어 있다. 길이는 7미터쯤 되었지만 번개 모양으로 삐뚤빼뚤해서 쓸 수 있는 땅은 별로 없다. 진입로는 도로와 같은 높이로 집터와는 3미터 높이 차이가 났다. 땅이 조용히 이렇게 말하는 것 같았다.

"주차하고 걸어서 집에 올라오세요."

차고와 문을 동시에!

땅을 아주 빠듯하게 꽉 채우면 '차고 겸 집의 게이트를 만들 수 있지 않을까?' 생각이 들긴 했다. 본채에 붙이지 않고 별도의 공간으로 차고를 지을 때 생각할 부분은 대지에서 차고와 본채의 관계다. 하나의 대지 안에 두 개의 건물이 놓이면, 그 사이에는 자연스러운 긴장감과 흐름이 생긴다. 바둑판 위에 바둑알을 어디에 두느냐에 따라 판이 달라지듯, 배치에 따라 공간의 성격과 쓰임도 달라지는 것이다.

우주의 차고는 진입로 좁은 땅에 생길 운명이다. 차고가 들어서면 좌우에 남는 공간이 하나도 없다. 진입로를 꽉 채우는 차고를 차도 세우고 사람도 지나갈 수 있는 게이트로 아예 생각했다. 한마디로 차고가 짧은 터널 혹은 큰 대문 역할을 하는 형식다. 흔히 하듯 전면에 서터나 문을 달진 않고 열린 모습. 찌글찌글한 땅 모양이 밖으로 벌어진 사다리꼴이라 밖에서 봤을 때 팔을 벌린 것처럼 시원하게 보였다. 손님을 환대하는 기능에 어울렸다.

비 안 맞는 지붕 있는 공간에 차를 세우기만 하면 된다. 게이트지만 최대한 막혀 보이지 않게 열린 기둥으로 받칠 수 있는 디자인이다. 차도의 동쪽은 이웃집이 쌓아 올린 축대가 높아서 그 축대벽의 상단에 작은 기둥을 올려 구조체가 겹치는 것을 피했다. 반대로 서쪽은 낭떠러지여서 난간이 필요했는데, 여기도 난간과 차고 벽을 따로 세우지 않고 기둥을 촘촘히 그리고 높게 세워 난간이자 차고 벽면이 되게 했다. 그 난간 살은 일률적으로 세우지 않고 두세 개씩 건너 그 사이에 빈 여백을 두었다. 피아노 검은 건반이 모티브였다. 그리고 전면의 난간 여백 사이에 우체통과 초인종을 철제박스로 짜서 끼워 넣기로 했다. 그 박스에 우주의 이름과 주소, 준공 일자와 건축사 사무소 로고를 넣어서 현판처럼 쓸 계획이었다. 이쯤 되니 전기 계량기나 각종 검침도 밖에서 할 수 있도록 하자는 요청이 들어왔다. 외부인과의 접촉이 모두 차고라는 중간 영역에서 치러질 수 있게 되었다.
지붕은 우주 본채의 지붕과 같은 검은색 컬러 강판으로, 지붕 안쪽의 천장면과 기둥은 나무로 마감해서 본채와 시밀러 룩을 만들었다. 이렇게 진입로에 강약을 잘 조절한 차고 겸 게이트를 만들고 나니 집에 안정감을 더해 주는 마지막 한 수가 된 기분이었다.

이상과 현실 사이의 선택, 비움의 계획

이왕 만들 차고, 제대로 쓸모 있게 만들자는 계획안은 완성도를 높여 갔으나 실현은 역시나 쉽지 않았다. 첫 번째 이유는 공사비다. 차고의 디자인은 간소한 편이지만, 기초에 구조와 마감까지 더하면 가벼운 금액이 아니었다. 차고가 차 값만큼 나올 수 있다는 말이 여러 번 언급되었고, 꼭 필요한지 의뢰인도 확신이 없었다. 본채 먼저 만든 뒤 조경공사 때 하자며 차고는 우선순위에서 미뤄 두었다.
그렇지만 차고에 들어가야 할 전기선, 인터폰용 통신선 등은 모두 미리 계획대로 만들어졌다. 무엇보다 눈에는 안 보이지만 가장 중요한 것! 건축법에서 허용하는 건폐율과 용적률에 해당하는 면적도 계획에 포함했다. 모두 미리 계획에 넣지 않으면 차고를 만들고 싶어도 만들 수 없다. 혹은 불법으로 만들어야만 한다.

두 번째는 그 이상했던 대지 경계선 문제다. 요상한 땅 모양은 실제 대지에 가면 보이지 않는 지적도상에만 있는 가상의 선이나 마찬가지였다. 이웃들이 집을 지을 때 땅을 고르게 만들면서 이미 우주의 대지 일부를 침해한 상태라 그 면적을 온전히 찾아서 차고를 만들 수가 없었다. 최대한의 공간을 쓰기 위해서는 옆집과 건축 협정을 맺어서 서로 대지 경계선까지 쓸 수 있게 조금씩 양보를 해야 했다. 말이 그렇지, 땅을 서로 주고받는 일은 쉬운 일이 아니었고, 이웃과의 갈등 소지가 있었다. 그래서 우주의 의뢰인은 차고 건축을 포기했다.

차고 디자인은 열 번쯤 바뀌었다. 제대로 만든 계획안부터 간소한 계획안까지, 어느 날은 하루 날을 잡고 의뢰인과 차고 워크숍까지 했다. 이토록 힘들었던 이유는 그 자리는 차고가 들어가기 어려운 자리인데 힘들게 끼워 넣으려고 했기 때문이다. 가장 좋은 계획은 자연스러운 계획이다. 우주의 차고 계획은 자연스러울 수 없었다. 건축가가 머리를 쥐어짜서 여러 계획안을 만들어 냈지만 결국 짓지 않은 것에 대해서 건축주는 여러 번 미안함을 내비쳤다. 첫 번째 계획안이 실현되었으면 하는 아쉬움이 내게도 아주 조금 있지만, 나왔던 계획안 중 최선의 선택은 차고가 없는 것이었다. 제 아무리 건축가가 소원을 이뤄 주는 램프의 지니라 해도 없는 땅을 만들어 줄 수는 없는 노릇이다. 그 와중에 살아남은 것도 있었으니 바로 초인종이다. 차고 기둥 대신 담장 울타리 끄트머리, 원래 자리다. 차고 워크숍의 마지막 지정 생존자다.

번외의 소망2:
건축가가 만들었지만,
건축가가 만든 것 같지 않은 집
땅, 건축주 그리고 건축가가
욕망을 조율하는 과정

건축가들 사이에 가끔 오가는 농담이 있다.

"네가 유명 건축가를 선택해서 집을 맡길 수 있으면, 누구에게 의뢰하겠느냐?"

이 질문은 '네가 좋아하는 건축가가 누구냐'는 말보다 훨씬 상상력을 자극한다. 나라면 어떤 건축가에게 맡길까? 후보 리스트에는 일본의 세계적 건축가 안도 다다오도, 백색의 건축가 리처드 마이어도 있다. 안도 다다오에게 집 설계를 의뢰한다고 생각하니 어깨에 힘이 꽉 들어간다. 그에게 집을 의뢰하려고 전 세계의 유명인들이 자가용 비행기를 타고 날아 와서 줄을 선다는데, 상상만으로 내가 그런 부와 명예를 가진 사람이 된 기분이다.

안도 다다오가
설계한 집에 산다면

즐거운 상상도 잠시, 안도 선생님이 만들어 준 집에서 살 생각을 하니 왠지 좀 부담스럽다. 집에서 바른말과 바른 행동만 해야 할 거 같은 엄격함이 그려진다. 자질구레한 살림살이를 늘어놓으면 누가 흉보지 않아도 안도 선생님께 못할 짓을 하는 기분일 테고, 벽에 못 하나 제대로 박고 지낼 수 있을까 싶다. 누가 놀러 오면 완벽하게 관리된 집을 보여 주며 나도 집에 어울리는 사람인냥 지내야 할 것 같다. 그래 뭐, 안도 선생님이 지어 준 집이니 한두 번은 그렇게 할 수 있겠다. 하지만 매일 그렇게 살 순 없다. 그러고 보니 안도 다다오에게 집을 의뢰하는 유명인 대부분이 별장 같은 집, 가끔 머무는 집을 의뢰한다. 평범하게 사는 살림집이 아니다. 그런 작품 같은 집은 일상을 늘어놓기보다 일상에서 벗어나 휴식하고 충전하며 전환하는 공간, 즉 예술품에 가깝다.

우주 의뢰인이 11가지 소망에 적지는 않았지만, 대화 중에 슬그머니 흘린 말 가운데 귀에 꽂힌 말이 있다. 그것은 바로, 건축가가 만들었지만 건축가가 만든 것 같지 않은 집이다. '아니 왜 이런 요구를?'이라는 생각이 먼저 올라왔으나 곧 100명의 건축가 포트폴리오를 보고 고른 나에게 하는 부탁이니 의미가 있으리라 짐작했다. 왜 건축가를 힘들게 찾아서 설계를 맡겼는데 건축가가 설계한 집의 티가 팍팍 나게 해 달라고 주문하지 않을까? 건축가가 지은 집의 속성은 담으면서 건축가 지은 집의 티를 내지 않는 것은 어떻게 할까? 또 다른 딜레

마였다. 유명한 건축 책의 제목이 저절로 떠올랐다. 『건축의 복합성과 대립성』으로 로버트 벤츄리라는 포스트모더니즘의 대표 건축가의 책인데, 나는 이렇게 조금 바꿔 부르고 싶다.

'건축주의 복합성과 대립성'

하지만 조금 더 생각해 보니 건축가인 나조차 안도 다다오에게 의뢰해서 집을 짓고 싶지만, 그 안에서 산다는 것이 편하기만 하지 않으리라고 생각하지 않는가? 그런 시선이 일반인에게는 건축가의 집은 보기는 좋지만 불편한 집, 관리하기 어려운 집, 남에게 보여 주려는 집, 살림보다 소장하는 집 같은 이미지로 그려진다는 사실을 이해한다.

설계 도면에 투영된
세 가지 욕망

설계 도면에는 세 가지 욕망이 투영된다. '땅의 욕망, 건축주의 욕망 그리고 건축가의 욕망'이다. 이 말은 고등학교 국어 교과서에 나오는 평론가 김현의 글 '소설은 왜 읽는가'에 나오는 소설 속의 욕망 세 가지 '소설가의 욕망, 소설 속 주인공의 욕망, 그리고 읽는 독자의 욕망'을 내가 설계로 변형해 본 것이다. 조건이라고 불리기엔 실제로 강렬한 욕구와 욕망이 있는 주체다.

첫 번째 욕망인 '땅의 욕망'은 집이 들어설 땅이 원래 가지고 있던 속성이다. 땅의 모양, 향과 조망 같은 입지 조건, 주변 관계 등이다. 집이 어떻게 지어져야 하는지 땅이 먼저 알려 주는 것, 설계 도면에 투영될 땅의 욕망이다. 가늘고 긴 땅에 넓적한 집을 지을 수 없듯이 땅의 욕망(조건)을 거스르며 집을 만들기는 어렵다. 우주가 지어질 땅은 전형적인 남향집보다 서향의 전망을 살리되 뜨거운 볕을 피해야 하는 조건, 서쪽의 대각선 모양의 날 선 땅의 모양 그리고 박혀 있는 돌 등이 땅의 욕망이었다.

또 다른 욕망인 '건축주의 욕망'은 설계 요구 사항들이다. 우주의 의뢰인들은 처음부터 아침 해를 보면서 눈을 뜨고 싶다는 바람부터 노천탕, 손님을 고려한 공간 등 구체적인 요구 사항을 드러냈다. 그들의 욕망과 땅의 욕망이 상충하지 않고 어우러지는 집을 만들어야 한다. 물론 예산을 비롯한 몇 가지 복잡한 숫자의 테두리 안에서 말이다.

마지막은 '건축가의 욕망'이다, 조형적인 완결성, 주변과 차별되는 개성, 콘셉트부터 디테일까지 유지하는 일관성과 높은 수준의 완성도 등이다. 건축가는 조형적으로 완성도가 없는 건축물을 아주 싫어한다. 그중에 선이 안 맞는 것을 특히 싫어하는데, 찌글찌글한 평면이나 들쑥날쑥한 입면선뿐만 아니라 화장실 타일까지, 정리되지 않는 선과 의미 없는 장식은 설계하는 사람들 사이에서는 죄악이다. 작가나 기자, 편집자가 띄어쓰기, 맞춤법이 틀린 문장이나 의미 없는 문장부호가 있는 원고를 꺼리듯이 말이다.

잘 지어진 집은 세 가지 욕망이 잘 조율된 집이겠지만 어느 욕망을 우선시하느냐에 따라 집의 의미는 달라진다. 건축가의 욕망이 더 드러나는 집은 건축가를 위한 집이 되고, 건축주의 욕망이 더 드러나는 집은 건축가가 제 능력을 발휘 못하는 집이 되고, 땅의 욕망이 더 보이는 집은 흔히 말하는 땅을 잘 다루지 못해 땅의 기에 눌리는 집이 되고 만다.

'건축가가 만들었지만, 건축가가 만든 티가 팍팍 나는 집'은 의뢰인 부부가 원하지 않기에, 설계의 많은 부분에서 자유를 얻었다. 내가 설계했던 이전의 어떤 집과 비슷하게 만들기를 원하지도 않았고, 멋있어 보이는 조형을 우선으로 생각하지도 않았기 때문이다. 건축가의 설계는 스타일 문제가 아니다. 건축가만의 문제 해결 방식과 건축가다운 디자인 과정이 담겨야 한다.

그래서 우주의 설계는 콘셉트나 조형을 우선하지 않고 주어진 조건과 원하는 삶의 형태를 먼저 들여다보는 데서 시작했다. 땅의 욕망인 본래 있던 돌을 살리려 했고, 건축주의 욕망인 뜨는 해를 보면서 눈을 뜨는 안방을 만들기 위해 고민했다. 그렇게 배치를 먼저 정하고 프라이버시가 있는 프라이빗 존 '안방 영역'과 외부인과 만나는 퍼블릭 존 '거실 영역'이 나뉘며 삶의 형태를 담았다.

삶의 형태를 투영하는 것은 평면이다. 평면을 먼저 구성하고 이에 적합한 조형과 덩어리인 매스를 계획한 뒤 콘셉트를 구체화했다. 반대로 콘셉트를 정하고 조형을 만든 다음에 공간을 구체화하는 방법 설계 방법도 많이 쓰는데, 이때 과도한 콘셉트와 조형을 고집한다면 그 때문에 공간이 희생되는 부분이 생기기 마련이다. 공간을 먼저 만들고 나서 조형과 콘셉트를 완성하는 방식이 우주에는 더 자연스러웠다.

영화의 시나리오 작가이자 감독인
건축가

과정을 영화로 비유하자면, 주인공역 배우를 먼저 점찍어 놓고 그에 맞는 시나리오를 쓰는 방법이 있고, 시나리오를 먼저 쓰고 어울리는 배우를 캐스팅하는 방법으로 말할 수 있다. 두 가지 방법 중에서 우주는 스토리라는 공간 구성을 먼저하고 내용에 어울리는 조형이나 외관 재료 등을 선택하려고 했다.

그렇게 처음에 캐스팅하려 한 주연배우(제안한 매스와 조형)는 무난한 국민 배우였다. '안방 영역'의 매스는 전형적인 집 모양인 대칭적인 박공지붕으로, '거실 영역'의 매스는 서향을 하이라이트로 커지는 외지붕이었다. 국민 배우 '대칭 박공지붕' 씨는 여느 가족 드라마에서 자주 볼 수 있는 훈훈하지만 흔한 모습이었다. 그 조형 속에도 우주의 삶의 모습인 복층의 다락 공간과 순환 동선인 갤러리가 있었지만, 조형적으로는 현재의 우주와 전혀 다른 공간이었다. 왜냐면 두 덩이로 나누어져 있고, 각각에 적당히 어울리게 경제적인 모양으로 만들었기 때문이다. 그만큼 공간 낭비가 없고 그만큼 내부 공간이 단조로웠다. 그런데 결정적으로 매력이 없었다. 집의 그 공간에 어울리는 매력 말이다.

이제 건축가의 의도가 개입될 시간이었다. 눈에 보이는 것 외에 더 좋은 가치를 주고, 조형적인 비례와 짜임새를 만들기 위한 매력이 필요했다. 우리는 그것을 콘셉트라고 한다. 콘셉트는 갑자기 튀어나온 것이 아니라 처음부터 쌓아 올린 일관된 생각을 공간 언어로 드러내는 것이다. 벌거벗어도 누가 볼까 봐 걱정하지 않아도 되는 집, 손님과 공유가 어색하지 않게 자유로운 공간 분리가 가능한 집. '우주'라는 이름을 붙이기 전이라 앞서 말한 콘셉트의 발전 방향을 모아 줄 하나의 조형 언어가 필요했다. 그리고 집에 어울리는 개성이 강한 배우를 떠올렸다. 바로 '큰 지붕' 씨.

큰 지붕은 보통 '가정집'이라는 장르에선 좀처럼 등장하지 않는 배우다. 창고나 공장처럼 거칠고 묵직한 배경, 그러니까 느와르나 다큐멘터리 장르에서 주로 활약하곤 한다. 그런데 마치 마동석같은 큰지붕씨를 영화 〈7번 방의 선물〉 같은 순수한 가족 드라마에 출연시켰을 때처럼, 이질적인 조합에서 뜻밖의 따뜻한 케미스트리가 피어났다. 우선 큰 지붕은 집 전체의 요소요소를 외관적으로 하나로 묶어 주는 역할을 했다. 동떨어진 안방 영역과 거실 영역이 하나의 집으로 보이고, 서향의 뜨거운 볕이 염려되어 깊이 낸 처마가 깊고 다양한 표정을 만들어 줬다.

내부는 반전 매력이다. 지붕 속이 큰 천장이 되어 내부 공간에 여백을 만들었다. 하나의 천장으로 연결된 다락과 갤러리는 창문이 없는 방의 핸디캡을 극복해서 내부 창으로 연결된 공간의 확장을 만들어냈다. 곳곳에 숨어 있던 디테일도 살아나기 시작했다. 천창과 고양이 발코니라는 강렬한 캐릭터는 공간 전체의 시나리오에 감칠맛을 더하는, 분량은 적어도 존재감 있는 조연이 되었다. 뒤늦게 합류한 그랜드 피아노라는 원로 배우도 평소에는 잔잔한 레슨 장면을 소화하고 연말에는 음악회라는 하이라이트에서 주연 못지않은 캐릭터로 기량을 충분히 뽐낼 수 있었다.

건축가가 만든 집은
결국 티가 난다

우주의 설계도는 그런 여러 욕망 속에 균형을 잡으며 완성했다. 그리고 설계 도면대로 우주가 완성되기 전에 주변 빈 땅에 이웃집들이 먼저 들어섰다. 그중에 바로 우주의 정면으로 눈에 띄는 집이 있었다. 순백색의 3층집은 등차수열처럼 1층은 5개, 2층 3개 그리고 3층은 1개의 모듈로 엄격한 조형미가 느껴졌다. 단박에 교육을 잘 받은 건축가가 설계한 집이라는 사실을 알아차렸다. 나를 비롯해 우리 설계 사무실 직원은 매우 감탄했다.
"우주 앞에 이렇게 유명한 건축가가 설계한 예쁜 집이 있어서 진짜 좋네요!"
그러나 우주 주인장들의 반응은 반전이었다.
"아유, 저 집은 무슨 병원도 아니고, 뭐 저렇게 삭막하게 생겼어요. 저는 저런 집에서 못 살 거 같아요."
역시 건축가가 지은 집은 이렇게 티가 났다. 내가 받아들이는 것과 다른 의미였지만.

번외의 소망3:
주택 이름 짓기
공간 성격을 담는 마지막 설계, 당호 짓기

집을 한창 짓는 중 건축주에게 연락이 왔다. 집의 이름을 지었다고 했다. '우주'라는 이름을 그때 처음 전해들었다. 잘 어울린다 생각하며 "오, 좋네요. 우주. 우주의 섭리로 집을 지었다는 뜻인가요?" 물었다. 어쩌다가 부인이 암 판정을 받았다가, 우여곡절 끝에 완치하고 집을 짓는 이런 우연의 과정에서 우주의 기운을 느꼈다는 말일까, 잠시 생각했다. 곧 이런 답이 돌아왔다.

"우주는 각각의 두 글자 모두 한자로 집을 뜻하더라고요. 집 우宇 집 주宙를 써서 우주로 정했습니다."

의뢰인은 "집의 명판을 만들면 이런 말을 쓰면 좋겠어요"라며 여기에 짧은 설명을 덧대었다.

'서로에게 기둥 되고 서로에게 지붕 되다'

한 사람의 우주인 집

내게 우주宇宙가 새롭게 다가왔다. 우주, 무한한 시간과 만물을 포함하는 끝없는 공간의 총체라는 말인 '우주'가 집이라는 개념을 담고 있었다니, 옛날부터 사람들은 온 세상을 하나의 큰 집으로 해석하는 건축가적 상상력이 있었나 보다.

건축가들은 보통 건축물을 '집'이라고 부른다. 여기에서 '집'이라는 의미는 건축법에서 정하는 '주거'의 용도로만 한정하지 않고, 건축의 모든 용도를 부르는 대명사다. 병원도 집이고, 학교도 집이고 커피숍이나 태권도장이 있는 근린생활시설도 건축가에게는 '집'이다. 왜냐면 건축물은 물리적인 덩어리 안에 사람을 위한 가치가 담겨 있는 큰 의미의 집이기 때문이다. 병원은 사람을 치유하고 건강을 주는 집이고, 학교는 한 사람을 성장시키는 교육의 가치를 실현하는 집이다. 가정집은 가족이라는 공동체의 가치가 커 갈 수 있는 집이다.

나는 이 개념을 건축설계라는 전공이 너무 힘들고 어려워서 그만둘까 방황하던 대학 시절에 알게 되었다. 건축학과에 다니던 중 건축물은 정말 비싸고 소수의 부자만을 위한 소유물이 아닌가 하는 생각이 들었다. 부자들의 욕망을 구현하기 위해 이 일을 해야 하나? 회의가 일었다. 그러다 주거 중심으로 사회 문제에 접근하는 NGO 해비타트 봉사 대원으로 필리핀의 작은 마을 비콜Bicol에 가게 됐다. 해비타트는 지미 카터 전 미국 대통령이 활동하여 널리 알려진, 집을 통해 삶의 변화를 만들어 가는 주거 복지 비영리 단체다. 전공에 마음이 별로 가지 않던 터라, 해비타트 봉사활동도 지미 카터같이 가진 게 많은 사람이 자기 마음 편해지라고 베푸는 행위 같았다. '집을 사서 살라고 주면 되지 왜 만들어 줄까?' 다소 냉소적이고 삐뚤어진 생각을 가졌었다.

일정 중 봉사 대장 레오가 봉사 전에 숙지할 사항을 교육하는 시간이 있었다. 그날은 해비타트 운동의 의미를 설명했다. 가난한 사람들이 직면하는 큰 문제는 가정 파괴라고 했다. 아빠가 직장을 잃으면 알코올이나 도박 같은 현실도피에 빠지게 되고, 가정폭력으로 이어진다. 아이들은 학교에 못 가게 되고 거리를 떠돌며 범죄에 노출되는 악순환이 일어난다. 집은 압류되고 가족은 뿔뿔이 흩어지면 몰락의 길로 빠진다. 이럴 때 지원금을 투입해도 바로 휘발되고, 일시적인 효과밖에 없다.

이때 가장 필요한 것이 가정의 회복이다. 더 구체적으로는 가정을 회복할 수 있는 가족의 울타리인 집이 필요하다. 그 과정을 가족들이 함께 만들어가는 것이 해비타트 운동의 핵심이라고 하였다. 벽돌을 하나하나 쌓으면서 가족 구성원에게 재활 의지가 생기고, 노력이 물리적으로 드러나면서 마음가짐도 달라진다. 집이 생겨서 가족이라는 가치를 지킬 수 있고 희망이라는 알을 낳을 수 있는 둥지가 될 수 있단다. 해비타트에서는 집이 완성되면 살게 될 집의 주인이 봉사자와 함께 일했다. 기술이 없는 봉사자는 자르고 나르고 다지는 단순 작업을 도와주고 몇몇 전문가들이 기술적인 부분을 도왔다. 하지만 가장 열

심히 움직이는 사람은 그 집에 들어가서 살 사람이었다. 봉사대원이라는 엘프elf(요정, 도우미)들 도움 속에 새집에 대한 희망이 솟지 않을 수 없었다.

의미의 구체화, 집

언어에는 의미와 가치를 둔 뜻이 있다. 영어를 배울 때 'home'과 'house'가 서로 다른 의미라 배웠다. '집에 간다'라는 말은 'go home'으로 'go to house'라고 쓰지 않는다. 내 가족이 있는 따스한 집에 돌아가서 쉬겠다는 의미에는 'home'이 맞고, 팔고 살 수 있는 부동산을 의미할 때는 'house'를 쓴다. '~에 가다'는 의미의 go to에서 to도 생략할 만큼 'home'에는 심리적 거리감이 없다는 의미다. 미국 영화나 드라마를 보면 타지에서 떠돌다가 고향으로 완전히 돌아갈 때는 'go home home'이라며 나의 진짜 진짜 집으로 간다고 하지 않던가. 그런 의미에서 '집 宇'와 '집 宙'를 겹쳐 쓴 우주는 'home home'이 맞다.

내가 그의 이름을 불러주었을 때
그는 나에게로 와서
꽃이 되었다
-김춘수, '꽃'

유명한 김춘수 시인의 작품 '꽃'의 한 구절을 인용하지 않더라도, 애정이 담긴 이름은 특별한 관계를 만든다는 사실을 알고 있다. 집에 이름을 붙이기 전에는 그저 하나의 물리적 구조체인 콘크리트 덩어리에 지나지 않았고, 몇 번지 몇 호만 있는 부동산일 뿐이다. 집에 이름을 붙이면 그 이름이 집의 운명이 되는 것 같다. 집의 이름을 언제 어떻게 붙일지도 그 집의 숙명이다. 이름 없는 집도 많지만, 멋진 이름을 가진 집도 많다.

집의 이름은 언제 어떻게 짓나?

한자에는 '집'을 의미하는 글자가 여럿이다. '집 당堂', '집 헌軒', '집 재齋', '다락 루樓', '방 방房', '정자 정亭', '집 실室', '집 각閣' 등이다. 모두 큰 범주에서는 집의 성격을 띤 건축물이지만 자세히 보면 건물의 성격과 모양 등에 따라 다양한 한자 중 구분해서 이름을 붙인다. 흥미롭게도 '매월당 김시습', '신 사임당'처럼 사람 이름에 붙이는 아호를 집의 이름인 당호로 지은 조상도 여럿이다. 집을 인격이 있는 사물로 대했고, 자신의 인격과 동일시했다는 의미다. '사는 곳을 보면 사람을 알 수 있다'라는 말이 과장이 아니다.

집 이름을 짓는 일은 사실 꽤 어렵다. 건축가로서 일을 의뢰받을 때 집주인이 처음부터 집 이름을 지어 오면 마음이 편하다. 집 콘셉트를 바로 알 수 있기 때문이다. '평담재平淡齋'는 건축주가 처음부터 가지고 의뢰했다. '평평담담平平淡淡하다'는 중국어에서 따온 말이라 했다. 아무 일도 없이 산다는, 평온하고 담담하다는 의미로 만들어졌다. 거기에 수많은 집을 나타내는 한자어 중에 '재'를 쓴 점이 눈에 띄었다. 책을 읽는 집에 붙이는 '집 재齋', 은퇴하는 학자가 책을 보며 말년을 평화롭게 지내고 싶다는 소망을 담았다. 건축주의 성품과 집의 방향을 알 수 있는 당호다. 학문과 수양을 위한 집, 공부방을 나타내는 '재'가 들어가기에, 화려하거나 자랑하는 모양보다 수수하되 기품을 잃지 않는 집이어야겠다고 생각했다. 시간이 지나고 완성된 평담재는 옅은 회색과 짙은 회색 벽돌, 하얀 처마로 선이 살아 있는 두루마기 느낌의 집이 되었다. 자연스러운 결과였다.

건축주가 집을 짓지 않을 때는 건축가가 이름을 짓기도 한다. 이게 가장 어렵고 책임감이 느껴지는 순간이기도 하다. 물론 가볍게 멋진 이름을 만들 수도 있겠지만 언어에는 힘이 있으므로 신중해야 한다. 너무도 중요한 일이지만 건축가의 주력 분야가 아니고 어디 작명소에 부탁할 수도 없으니 이름을 정하지 못하고 시간이 흐르는 일이 제법 된다.

당호를 짓는 일을 미루고 미뤄, 더 이상 미룰 수 없는 때는 잡지에 소개할 때다. 프로젝트 이름을 '신화리 00-0 단독주택 신축 공사'로 내고 싶지는 않다. 집을 지으면서 생각한 것들, 즉 콘셉트부터 조형적인 특색, 앞으로 집에서 사는 주인들이 살았으면 하는 삶의 모습을 응축하는 마음으로 이름을 짓는다. 부모가 자녀의 이름을 짓는 일과 비슷하지 않을까?

우주라는 이름을 건축주가 지어오기 전까지, 집의 형상과 특징을 보고 농담조로 '김밥집'이라고 불렀었다. 그중 조금 더 신경 쓴 '모둠김밥'. 집 안에 피아노방, 요가방, 노천탕 등 특색 있는 여러 공간이 있는데 이 모든 것을 검은색 지붕 하나로 덮은 모양이라서다. 단무지, 계란, 치즈, 시금치 같은 다양한 재료가 김으로 둘둘 말려 조화를 이루는 김밥 같았다. 진지하게 집의 주안점을 설명하고 '모둠김밥'이라고 했을 때 이해도가 가장 높았다. 말을 해 놓고 나니 흰색으로 정한 동서면의 입면이 유난히 흰밥처럼 보이고, 대지의 지형 선에 맞춰 딱 잘려 나간 서쪽 처마면도 김밥 한 덩이를 썰어 낸 모양처럼 보였다. 그렇게 보니 다락의 테라스는 김밥 옆구리가 살짝 터진 모양처럼 보이기까지 했으나, 농담처럼 끝없이 이어지는 이 이야기는 집의 콘셉트를 설명하기엔 재밌는데 집의 진짜 이름이 될 수는 없었다. 태명이 '꼬물이'나 '꿀빵이'일지라도 주민등록상에 그렇게 올릴 수는 없지 않던가.

그래서 나는 진심으로 안심했다. 의뢰인이 이름을 지어 오며 내 고민은 한 방에 해결이 되었기 때문이다. 아울러 우주는 집의 콘셉트와 조형에 찰떡같이 어울리는 이름이다. 그보다 더 좋은 당호는 내 머릿속에서 나오지 않았다.

집,
너의 이름은?

무엇보다 지구가 속해 있는 우주처럼 집 안에는 다양한 행성의 항로 같은 순환 동선이 있다. 갤러리의 순환 동선은 목성의 항로, 안방과 서재의 작은 순환 동선은 지구를 공전하는 달의 항로처럼 느껴졌다.

다른 집에서 볼 수 없는 특별한 속성이다.

게다가 두 한자어 '집 우宇'와 '집 주宙' 한자의 의미를 주는 갓머리변 '宀'은 우주를 만들어주는 큰 지붕과 똑 닮았다. 집 주宙라는 글자의 생김을 보면 갓머리 아래 '말미암을 유由'가 있는데 순환 동선을 그림으로 그린 듯하다. 뜯어볼수록 신기한 일이다.

집의 이름을 우주로 지었다는 말에 잠시 생각에 잠겼다. 그들이 어떻게 수많은 건축가 중에 나를 찾아와서 인연이 되었는지, 그리고 우리는 어떻게 우주를 만들었는지 돌이켜보았다. 내가 어떻게 건축설계를 전공하고 이런 건축가가 되었는지 모든 것들이 한 번에 생각나는 계기가 되었다. 우주의 삼라만상이 연결되어 그들과 내게 연결되었다는 거시적인 해석을 하지 않을 수 없었다. 그게 아니어도 괜찮다. '모둠김밥'보다는 확실히 나은 집 이름이다!

열한 번째 소망:
건강한 집
사는 공간,
살아나는 공간

"소장님이 블로그에서 암에 걸린 건축주에 대해 공감하는 글을 보고 찾아왔어요. 그런 글을 쓴 소장님이라면 건강한 집을 만들어 주실 것 같았거든요." 부부가 처음 사무실에 찾아와서 했던 말이다. 그 글은 이렇다.

'아침에 걸려온 전화 한 통에 그만 펑펑 울고 말았습니다.
건축주께서 병원에 입원하셨는데, 암 진단을 받으셨다고
합니다. 몇 달 전부터 건강이 많이 안 좋아지셨다는데,
집 짓느라 힘드셨던 건 아닐까 걱정됩니다.
남편분의 흐느끼는 목소리를 듣자니, 끝까지 함께 마무리하지
못한 것이 더 마음 아프고 괴롭습니다. 건축주께서 새집을
좋아하신다니 다행이지만, 그곳에서 아프시다니 제 마음도
무겁기만 합니다. 마지막까지 웃으며 마무리해 드리고

싶은데…… 참 쉽지 않네요. 오늘도 가슴이 먹먹합니다.'

써 놓고 지울까 고민도 했던 글이다. 당시 설계한 수원 집이 준공을 앞두고 복잡한 일에 휘말려서 정말 힘들게 하나씩 해결해야 했다. 건축주는 집을 지으면서 답 없는 일에 휘말리니 속이 새까맣게 타들어갔다. 그 스트레스가 원인이 된 것만 같았다. 다행히 우주 부부를 만났을 때 수원 집은 어려운 일도 다 풀어낸 상태였고, 건축주는 수술과 항암치료를 잘 받아서 회복하고 있었다.

우주의 건축주가 처음 한 "내년에 암 완치 5주년입니다"라는 말이 명치를 가격하는 펀치 같았던 이유는 수원 집의 아픔 때문이기도 하였다. 설계한 집에서 사람이 병들었다는 말을 듣는다면 건축가에게는 큰 트라우마로 남을 수밖에 없다. 욕심이겠지만 집 덕분에 더 건강해지고 활기차게 살고 있다는 얘기를 듣고 싶다. 그래서 우주는 더더욱 처음도 끝도 '건강한 집'으로 설계하자 나 스스로 다짐하였다.

건강한 집이라는
당연한 말

건축주의 소망노트에 적은 첫 번째 소망은 '건강한 집'이었다. 그것은 이 프로젝트의 가장 명확하고도 깊은 출발점이었다. 부부에게 건강은 단순한 바람이 아니라 삶의 핵심 조건이었고, 그런 만큼 집 역시 그 삶을 지탱할 수 있어야 했다. 이 주제는 설계 초기부터 완공까지 모든 결정의 기준이 되었고 건축가인 나에게도 묵직한 화두였다.

부부의 바람을 살려 동쪽으로 향한 침실 창과 다락 창

과연 '부부를 위한 건강한 집'이란 어떤 모습이어야 할까? 그것은 공간의 디테일을 넘어 삶의 방식까지 함께 고민하게 했고, 결국 이 집의 방향성과 설계의 큰 축을 형성하며 한 사람의 회복과 일상의 회복을 함께 담아 내는 공간이 되어야 한다는 사명감을 느끼게 했다.

'건강한 집' 무엇일까. 당연하고도 단순한 주문은 건강에 대한 두 가지 의미를 담고 있다. 첫째는 물리적 환경이 잘 갖춰져 '몸 건강하게 지낼 수 있는 집'이고, 또 다른 하나는 가족 구성원의 삶이 건전하면서 주변 사람들과의 관계가 좋은 '마음이 건강한 집'이다. 집이 건강하면 사람도 건강할 수 있다. 건강한 집이라면 햇볕이 잘 들고, 환기가 잘되면서 누수나 곰팡이 같은 걱정이 없는 집을 떠올린다. 우주도 물론 이런 기본에 충실한 집이다. 다만 좀 더 다양하고 거주인에게 맞는 방식으로 녹아 있다.

우주 건축주가 집에 바라는 첫 번째는 '일출을 보면서 하는 아침 요가'였는데 부부의 소망을 들으면서 그 안에 담긴 햇볕의 느낌과 거주인이 요가 하는 모습이 그려졌다. 이를 기반으로 시간대별로 원하는 생활을 담은 공간을 만들고자 하였다. 동쪽 창으로 아침 해의 활기찬 기운을 받아 요가와 명상을 한다면, 남향의 창과 천장에 스미는 햇살로 집 안 가득 따스한 오후를 보낸다. 저녁에는 노을 지는 풍경과 함께 하루를 차분히 마무리할 서향 통창이 있다.

우주의 실내 공간에는 모두 각각 두 개의 창이 있는데 창문 높낮이가 다르거나 비율이 다른 프레임으로 존재한다. 그렇게 설계한 이유가 단지 풍경과 볕 때문만은 아니다. 공기는 기압 차이로 움직인다는 원리를 이용하여 바람 길을 원활하게 만드는 의도도 있었다. 즉 공간마다 맞바람으로 환기가 잘되는 집을 만든 것이다.
자연을 느낄 수 있는 집도 건강한 집의 좋은 요소다. '우주'는 2층집이지만 다락의 멀티룸을 제외한 주로 생활하는 공간이 1층에 있어 외부와 연결이 원활하다. 집 안에만 갇혀 있지 않고 밖과 쉽게 접하는 구조는 생활하는 사람의 기분 환기는 물론 자연을 자주 접하게 도와 몸의 건강을 챙기기에도 쉽다.

집 자체가
건강한 집

건강한 식단이 좋은 재료에서 시작하듯, 집도 근본이 되는 구조가 건강해야 한다. 그래서 우주는 처음부터 친환경 자재를 사용한 목조주택을 떠올렸다. 목조주택은 나무라는 자연 재료로 뼈대를 세우는 집이다. 나무는 숨을 쉬듯 습기를 머금었다 내보내며 실내 습도를 늘 알맞게 유지해 주고, 몸과 마음을 차분하게 가라앉히는 힘이 있다.
반대로 콘크리트 주택은 자갈과 모래, 시멘트에 각종 혼합물이 더해져 시공 과정에서 다양한 화학물질이 방출된다. 완공 후에도 한동안은 새집증후군으로 눈이 따갑고 목이 칼칼해질 수 있다. 라돈 같은 기체는 흙이나 석재, 콘크리트 어디에서든 생길 수 있다. 결국 집을 건강하게 만드는 길은 자재를 현명하게 고르고, 환기를 충분히 하는 데 있다.
목조주택은 건강과 환경을 생각하면 모든 것이 좋지만, 나무라는 재료의 특성상 집을 지을 때 주의할 점이 있다. 일단 물에 약하기 때문

에 습기와 침수로부터 확실하게 보호해야 한다. 그리고 자연의 재료인 나무는 항상 숨을 쉴 수 있게 만들어야지 그렇지 않으면 집이 아프게 된다. 목구조 설계의 디테일에는 비가 스며들어도 목구조는 젖지 않는 레인 스크린과 습기를 말리는 통기구 등의 필수 기술이 있다. 모두 물에 약한 나무를 보호하는 방법이다.

우주가 큰 경사 지붕 안에 다채로운 실내공간을 가지게 된 것은 나무로 만든 집의 체질을 처음부터 고려한 덕분이다. 큰 지붕으로 집 전체를 덮은 덕분에 집 안에 비가 스며들 겨를 없이 빗물 처리가 완벽하게 이루어지고 외벽면도 깨끗하게 보호가 된다. 일반적으로 경사 지붕은 콘크리트 공사에서는 까다로운 과정이지만, 목구조에는 그렇지 않다. 더 쉽고 빠르게 할 수 있어 시간과 비용도 절약되니 마다할 이유가 없는 선택이다. 지붕은 심플하지만 내부 공간 구조는 단조롭지 않아 풍부한 공간감을 만들어 준다.

우주에 적용한 부분 중 목조주택에서 반기지 않는 요소가 딱 하나 있는데 바로 2층 테라스다. 지붕면이 뚫려 물이 고이는 하자 발생이 염려되는 형태이기 때문이다. 그 부분을 고려해서 테라스에는 이중 방수로 시공하여 방수가 터지거나 노후화되는 가능성을 최대한 방지했다. 그럼에도 불구하고 만에 하나 누수나 하자가 생기면 생활에 큰 피해를 준다. 그렇기에 우주의 테라스 아래 공간을 안방 화장실과 외부 창고로 만들었다. 테라스에서 누수가 발생하더라도 안방에 물난리가 난다거나 옷에 곰팡이가 펴서 피해가 커지는 일은 막기 위해서다.

습기를 잘 다스리면 건강에도 좋고 환경에도 좋은 목조주택

삶이 건전하고
건강할 수 있는 집

채광이 좋고 환기가 잘되며 친환경 소재를 선택하고 누수를 방지하는 설계 등은 건축의 기본 이론이다. 신경을 쓴다면 누구나 챙길 수 있다. 하지만 저런 가시적인 요소보다 건축가로서 우주를 설계하면서 더 신경 쓴 부분은 '건강한 삶'을 위한 관계를 품는 공간이다.

우주가 자리 잡을 동네의 특성만 봐도 관계를 중요한 고려 사항으로 설계에 적용해야 했다. 마을에서 사는 삶은 사람들과의 관계가 끈끈할 수밖에 없다. 벽 속에 칸칸이 갇혀 사는 아파트에서는 가끔 엘리베이터나 공용 공간에서 마주칠 때 인사만 데면데면 주고받지만, 마을에서는 사람 드나드는 게 보인다. 누가 말하지 않아도 집 앞에 처음 보는 차가 서 있으면 그 집에 손님이 온 줄 알고 누구인지 관심을 가지게 된다. 그렇게 관계나 생활 방식이 자연스레 드러난다. 또한 카페나 아파트 커뮤니티시설 같은 중간 영역의 공간이 따로 없기에 사람을 만날 때는 집에서 만나곤 한다. 그렇게 서로의 집 안을 드나들다 보면 노출되는 사생활이 있기 마련이다. 그래서 집에는 응접실의 역할을 하는 곳이 현관문 가까운 곳에 필요하고, 사생활은 사적인 영역에서 누릴 수 있어야 한다.

두 번째 관계는 주말에 집에 놀러 오는 친구들과의 관계다. 그들은 사적인 영역까지 자연스럽게 드나드는 사이지만, 매번 손님을 맞는 입장은 쉽지 않다. 불편함이 생기면 서로 눈치를 보게 되므로, 즐겁게 놀고 편히 쉬며 일상으로 돌아갈 수 있는 구조가 필요하다. 우주의 2층 멀티룸은 주중엔 요가 스튜디오, 주말엔 손님방으로 활용되며 이런 관계에 완충 역할을 해 줬고 집주인도 안방을 내주지 않아도 되어 부담 없이 손님을 맞을 수 있었다.

세 번째이자 중요한 관계는 가족 구성원들이다. 우주는 평소에 부부만 쓰는 집이기 때문에 떨어져 있는 느낌이 들지 않도록 공간이 모두 열린 구조다. 아내가 책을 볼 때 남편이 요리하며 각자 활동을 하더라도 단절되는 느낌이 없는 집이다. 문을 한두 군데 닫으면 독립된 공간으로 분리할 수 있어 평일에 아내가 피아노 레슨을 하는 동안에도 재택근무를 하는 남편은 방해 받지 않고 집중할 수 있다.

가족 중에는 반려견과 반려묘도 있다. 그들과도 적절한 관계를 유지하기 위해 발코니와 창을 만들었다. 발코니에 웅크리고 앉아 창밖으로 바깥세상을 구경하니 동물 식구들도 심심할 틈이 없다. 그리고 화장실! 고양이 전용 화장실은 고민 끝에 집 안 갤러리 안쪽에 숨겨 두었고 덕분에 사람과 동물의 생리적 습성 차이에서 오는 불편함을 없앴다. 반려동물이 스트레스를 받으면 어딘가 용변을 봐 두고 집사를 괴롭힌다는데 우주에는 그런 사태로 스트레스 받을 일도 없다.

모두 건강해진 집

관계가 살아나니 존재가 살아난다는 사실은 동물 식구가 먼저 증명해 주었다. 우주 집에는 '우주'라는 이름의 반려견이 있다. 집이 지어질 즈음 새로 식구가 된 유기견이다. 입양 사연도 안타까웠다.

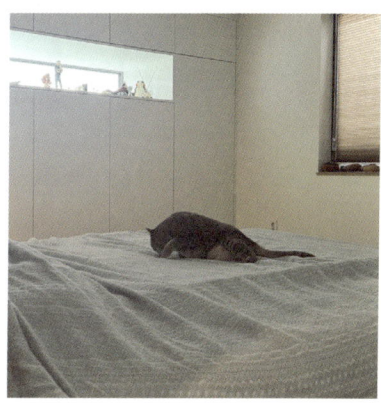

유기견 센터는 보호 중인 동물 사진을 커뮤니티에 올리고 입양자를 기다리는데 정해진 기간이 지나도록 아무도 데려가지 않으면 안락사를 시킨다. 센터 커뮤니티에 올라온 아이들 중에도 우주는 정말 볼품없고 못생겨 보였고 누구도 원하는 사람이 없었다. 보호 종료 직전까지 남은 우주를 부부가 식구로 맞았다. 입양 직후 모습은 정말 안쓰러웠다. 털이 다 빠져 피부가 드러났는데 피부병으로 보이는 반점이 곳곳에 있었다. 몸을 잔뜩 웅크리고 두려움에 오들오들 떨었고, 배변 훈련도 전혀 되어 있지 않아서 여기저기 오물을 묻혀 놓고 다니는 말썽꾸러기였다.

그런 강아지 우주가 새집에서 달라졌다. 어느새 털이 보송보송하게 자라 윤기까지 돌아 귀여운 모습이 되었다. 사람이 오면 숨지 않고 짖으면서 집 지키는 역할까지 하니 "야, 너 사람, 아니지 강아지 다 됐다"라는 말이 절로 나왔다. 그 후 1년이 더 지나고 강아지 '우주'는 상태가 한층 좋아졌다. 안방을 벗어나지 못하던 녀석이 이제 2층 다락에도 올라가고 어느덧 창밖 구경하는 재미도 즐긴다고 했다. 심하게 학대받았던 터라 산책이라는 것도 할 줄 모르고 집 안에만 있던 강아지 '우주'가 개의 본성을 찾아가고 있는 이야기만 전해들어도 감동이었다. 민 님과 준 님의 애정이 가장 큰 몫을 했겠지만, 건축가 눈에는 집이라는 환경이 동물도, 사람도 살린 것처럼 보였다.

강아지도 그렇게 기를 펴는데, 사람은 어떻게 변화하였을까? 집 우주를 짓는 와중에 수치가 안 좋아져 새집의 존폐 자체를 걱정하기도 했지만, 다행히 에피소드로만 남았다. 암의 그림자는 이제 완전히 종적을 감췄으며 안주인 민 님은 서울로 대학원을 다니고 있다. 집에서

는 늘어난 레슨으로 풀타임 직장인보다 더 분주하고 생산적으로 지내고 있단다. 이미 취미 부자였던 부부는 가드닝 취미까지 생겼다. 이제 아침마다 잡초를 뽑으면서 집 밖에서도 식물의 생명력을 왕성하게 느끼며 하루를 시작한다고 했다. 우주의 울타리 안에 아픈 존재는 없다. 트라우마로 남을 뻔한 나의 상처도 치유가 되었다.

3

건축주를 위한 건축가의 조언
마법 같은 공간, 다락과 발코니 만들기

다락과 발코니는 법적으로 '서비스 공간'에 해당한다. 연면적이나 건축면적에 포함되지 않아 세금은 부과되지 않지만 공사비에는 포함되기 때문에 공짜 공간이라고만 보기는 어렵다. 다시 말해, 비용은 들지만 면세 혜택을 받는 공간이라고 이해하면 쉽다. 이 공간들은 제대로 계획을 세우지 않으면 짐만 쌓이는 애물단지가 되지만, 잘만 활용하면 마법 같은 공간이 될 수 있다.

가능성을 품은 다락

다락은 주생활 공간에서 해결하기 어려운 여유와 가능성을 담을 수 있다. 아이가 어릴 때는 놀이방으로, 자라서는 영화관이나 게임방으로 활용할 수 있고, 손님이 올 때는 매트리스나 소파를 활용해 임시 손님방으로 변신시킬 수도 있다. 온당은 1층에 TV를 두지 않고 다락에 가족 영화관을 만들었다. 덕분에 아이들이 자유롭게 놀 수 있는 공간이자, 온가족이 모이는 소중한 장소가 되었다.

또한 다락은 조용한 취미실이나 개인 서재로도 적합하다. 재봉질, 그림 그리기, 독서 등 집중이 필요한 활동을 위한 공간으로 활용할 수 있다. 특히 천장이 낮고 작은 창이 난 구석진 공간은 혼자만의 시간을 보내기에 더없이 좋다. 다락으로 오르는 계단참을 넓히고 벽과 난간을 책장으로 구성하면 오가는 길 자체가 작은 서재로 재탄생할 수 있다. 무심코 꽂아둔 책 한 권이 계단을 오르내리는 틈에 일상으로 스며드는 경험은 단독주택에서만 누릴 수 있는 특별한 순간이다.

한편 다락은 '가끔 쓰는 것들'을 위한 저장 공간으로도 훌륭하다. 이사할 때마다 놀라는 짐의 양, 언젠가는 다시 꺼내 입을 것 같은 옷, 쉽게 버릴 수 없는 추억의 물건들을 정리하는 데 적합하다. 박공지붕이라면 낮은 벽에서 70센티미터 정도 안쪽에 문을 짜 넣어 넓은 실내 수납장을 만들 수 있다. 마루와 천장에 슬라이딩 도어 레일을 설치하거나, 블라인드나 커튼만 달아도 큰 손님용 이불이나 계절별 물건들을 깔끔하게 보관할 수 있다. 다락은 그 자체로 삶의 흔적과 기억을 담아 내는 작고 든든한 창고가 된다.

안으로도 밖으로 변신하는 발코니

발코니 역시 활용하기 나름이다. 1.5미터까지는 연면

적에 포함되지 않고, 1미터까지는 건축면적에도 들어가지 않기 때문에 많은 아파트들이 이 규정을 활용해 발코니 확장을 한다. 단독주택에서는 이보다 더 적극적으로 발코니를 '선룸sunroom'으로 활용할 수 있다.

선룸은 실내와 외부 사이의 완충 공간으로 자연광을 머금은 반실내 공간이 된다. 거실이나 다이닝룸 옆에 선룸을 두면 비나 눈을 맞지 않고도 바깥 경치를 즐길 수 있다. 폴딩도어를 활용하면 계절과 날씨에 따라 개폐가 가능하고, 여름과 겨울에는 외기와 실내 사이를 완충하는 역할도 한다. 선룸의 깊이는 공간 활용을 결정짓는 중요한 요소다. 보통 발코니 면제 범위인 1.5미터보다 더 넉넉하게, 2.5미터 정도로 계획하면 테이블을 놓고 식사를 할 수 있는 우아한 야외 공간으로 확장할 수 있다.

괴산에 지은 한 집은 북향 거실의 단점을 보완하기 위해 깊은 선룸을 설계했다. 전면 통창으로 시원한 전망을 확보하되, 북쪽의 찬 기운이 바로 들이치는 것을 막기 위해 폴딩도어를 단 선룸을 마련한 것이다. 이 공간은 단열 효과는 물론 응접실처럼 활용할 수 있었고, 인근에 마련한 야외 주방 덕분에 집들이 날에는 20명이 넘는 손님을 편하게 맞이했다.

과욕은 무리수

그렇다고 서비스 공간을 무작정 크게 만들면 오히려 낭비가 될 수 있다. 법적으로 면적 제한이 없다고 하여 과욕을 부리다 보면 결국 활용도가 떨어지는 죽은 공간이 생길 수 있다. 실제로 다락의 쓸모를 구체적으로 생각하지 않고 그저 크게 만들었다가 후회하는 사례도 적지 않다. 서비스 공간을 계획할 때는 다음 몇 가지 원칙을 기억해 두자.

첫째, 용도에 맞는 크기를 정해야 한다. 일반적으로 방 하나의 길이는 3~4미터 정도인데, 이보다 길어지면 공간의 영역이 모호해지고 비어 있는 부분이 생기기 쉽다. 작지만 알차게 사용하는 것이 핵심이다.

둘째, 뜨거운 공기는 위로 올라가므로 자연 환기를 고려한 창 배치는 필수다. 환기가 잘 되지 않는 다락은 여름엔 더위로, 겨울엔 결로로 불편할 수 있다.

셋째, 수직·수평적 연결성을 고려해야 한다. '우주'처럼 2층의 일상 공간과 다락이 자연스럽게 연결되면 자주 사용하는 다용도 공간이 되지만, 3층 이상에 위치하고 접근성이 떨어진다면 일상에서는 잘 활용하지 않는 고립된 공간이 되기 쉽다. 이런 공간은 오히려 조용히 몰입할 수 있는 개인 공간으로 활용하는 것이 더 적합하다. 자녀의 놀이방이라면 꼭대기에 떨어진 곳이 아닌, 부모가 일상적으로 소리를 들을 수 있는 거리에 배치하는 것이 바람직하다.

넷째, 공적인 공간과의 조화도 중요하다. 거실이나 다이닝룸과 같은 중심 공간은 다락으로 천장을 막기보다는 두 개 층 정도의 층고를 확보해 탁 트인 개방감을 주면 좋다. 그 안에서 일부 공간은 다락으로 활용하되, 시선과 소리를 적절히 조절해 독립성과 개방성을 동시에 확보하는 것이 이상적이다. 단독주택은 집 안의 입체적인 조화와 풍요가 바닥이 몇 제곱미터냐보다 더 중요하다. 다섯째, 서비스 공간은 기본적으로 법적으로는 거주 공간이 아니기 때문에 냉난방기, 바닥 난방, 화장실 등을 설치할 수 없다. 하지만 주변에 화장실을 두거나 온수매트를 활용하고, 전기 콘센트, 수도 배관, 인터넷선 등을 잘 준비해 두면 실용적인 공간으로 충분히 활용할 수 있다.

결국 공간을 잘 살리는 원칙은 단순하다. 용도는 분명히 계획하고, 공간은 여유롭게 구성하며, 수납은 확실하게 마련하는 것. 다락은 실내의 사적인 영역과의 관계 속에서, 발코니는 외부와의 연결과 완충의 역할 속에서 빛난다. 면세 공간이 집안일을 돕는 마법을 부릴지, 애물단지로 전락할지는 오로지 설계와 계획에 달려 있다. 집을 어떻게 사용하는지가 공간의 가치를 결정한다면, 그 공간을 어떻게 계획하느냐는 집 전체의 분위기를 바꾼다. 보이지 않는 곳의 디테일이 당신의 집을 더 풍요롭게 만들어 줄 것이다.

3

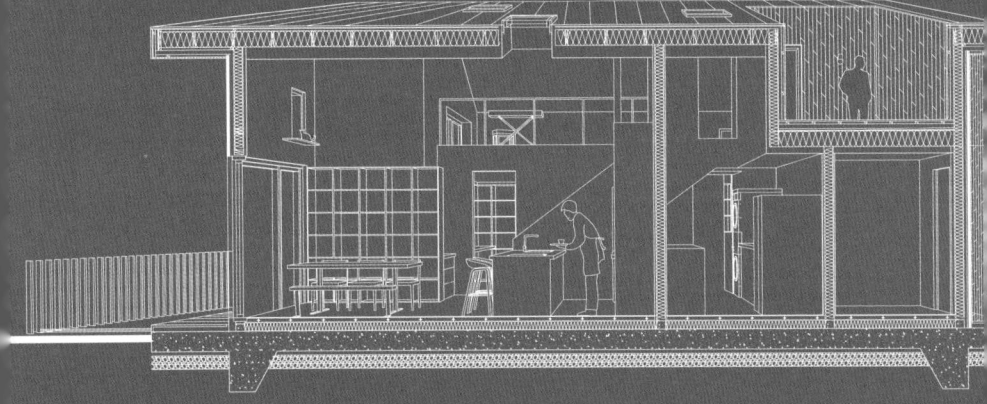

사람이 사는 집을 위해

모인 사람들

현장은 나의 힘
살아 움직이는 현장

현장 가는 날은 분주하다. 우주가 지어질 당시 양평에는 두 개 현장이 진행 중이었다. 같은 지역이라 두 현장 감리를 하루에 보곤 했다. 양평은 꽤 크다. 우주는 양평 시내 쪽에, 또 다른 현장은 차로 1시간 거리 수능리에 있었다. 사무실 출근보다 훨씬 이른 시간 출발해서 오전에 양평 우주 현장을 보고, 양평역에서 공유 자동차를 빌려서 수능리로 가는 길에 점심을 먹었다. 현장 소장, 작업자들과 협의를 하고 다시 용문산을 끼고 반 바퀴 돌아 양평역에 차를 반납했다.
돌아오는 기차 안에서는 현장을 챙기느라 못 받은 연락에 답을 주기도 하고, 그날 현장에서 찍은 사진을 보면서 새로운 문제를 두고 고민하기도 했다. 현장을 다녀오면 풀어야 할 숙제들이 꼭 따라온다. 서울에 도착하면 꽉 찬 하루가 지나 있었다.

현장을 가기 전에는 챙길 것도 많다. 현장에서 확인이 필요한 체크리스트, 이전 현장 회의에서 나왔던 얘기를 정리한 도면이나 이미지, 추가로 상의해야 할 이슈 등등이다. 현장 가기 전날 모두 정리하고 카톡으로 보내 놓고 도면으로 출력하고 아이패드에 담아 두어야 퇴근할 수 있다. 체크리스트, 도면, 이미지, 아이패드, 클라우드, 기차표…… 확인 또 확인이 현장 방문 전날의 루틴이다.

경이로움과 책임감이 공존하는 현장

이 정도 되면 '아이고, 현장 가는 날은 몸도 피곤하고 골치 아프겠네!' 생각할 법도 한데 나는 현장 가는 날이 즐겁다. 일단 모니터를 보지 않아도 되는 날이다. 사무실도 벗어난다. 건축가는 평소 컴퓨터 노동자다. 근무 시간의 90퍼센트는 모니터 두 개를 오가며 눈이 시릴 정도로 화면만 보며 일한다. 그 사이 일부는 전화기도 들고 모니터를 뚫어져라 본다. 현장이며 협력하는 회사며 관공서에서 걸려 오는 전화가 많다.

누군가는 설계 사무실이라고 하면 광고회사처럼 불꽃 튀는 소통 전쟁이나 멋진 스케치와 프리젠테이션을 하는 모습을 상상하지만 그런 시간은 매우 짧다. 대부분의 시간은 현미경 같은 것을 들여다보면서 수술하는 집도의처럼 조용히 집중한다. 대화의 순간도 "환자 현재 혈압은?" 하고 묻듯이 "여기 면적은 얼마?" 하며 단조롭고 건조한 대화 속에 각자의 모니터만 보며 업무에 몰두한다.

이런 도시 사무직 노동자가 '현장'에 간다는 것은 사무실을 벗어난다는 의미다. 사무직 노동자는 사무실을 탈출하고 싶은 충동을 종종 느낀다. 하지만 내 휴가를 쓰고 싶지 않고, 다녀오면 일이 밀릴까 걱정이다. 그런 염려 없이 몸과 마음을 환기해 주는 곳이 현장이다.

건축주들이 어찌나 좋은 땅을 골라 오시는지, 현장이 있는 지역을 가는 사실만으로도 좋다. 우주가 양평에 자리를 잡은 덕에 양평의 매력에 푹 빠지게 되었다. 서울에서 한 시간 정도만 나가도 이렇게 물이 깨끗하고 산이 좋은 양평이 있었다. 터널 몇 개를 지났을 뿐인데 갑자기 펼쳐지는 두물머리 풍경은 언제나 감탄할 만했다.

우주 현장은 겨울철 얼었던 땅이 녹자마자 일을 시작했다. 집의 골격인 구조체가 만들어질 때는 한창 벚꽃이 피는 봄이었다. 구조체가 만들어질 때는 갓난아기가 크듯이 하루가 다르게 쭉쭉 올라간다. 이 속도에 맞춰 매주 현장을 내려가며 계절의 변화를 온몸으로 느낀다. 양평 곳곳에 벚꽃이 양쪽으로 늘어서는 벚꽃 터널 길이 있어서 일부러 시간을 내서 드라이브하러 가도 못 볼 꽃구경을 실컷 했다. 봄에는 꽃처럼 왕성하게 올라가던 집의 모습도 하루가 다르게 피어나서 갈 때마다 설렘과 흥분이 일어났다.

설계는 모두 컴퓨터로 한다. 기술이 좋아져서 컴퓨터 속 삼차원 이미지를 들여다보노라면 가상현실에 있는 것 같은 착각이 들 정도다. 그렇게 모니터 속 컴퓨터로 만든 그림만 보다가 현장에서 실제 건축 과정을 보면 모두 하나같이 하는 말이 있다.

"와! 3D랑 똑같아!"
"내가 렌더링 속을 걸어 다니는 것 같다!"

컴퓨터 속 구조와 분명히 똑같은데 갑자기 현실에서 눈앞에 우뚝 솟아난 모습을 보면 처음에는 너무 비현실적이다. 마치 예쁜 꽃을 보고 "조화처럼 예쁘네" 말하는 아이러니랄까.
차이는 분명하다. 렌더링과 똑같이 생겼는데 중력이 느껴지고 벽체의 단단함이 느껴진다. 크고 묵직하다. 처음에는 신기하고 놀랍다가 물성의 무게만큼 엄청난 책임감 같은 것이 몰려오는 곳이 현장이다. 그래서 현장에 설계에 참여한 직원과 학생 인턴을 데리고 가곤 하는데 그것만큼 좋은 교육이 없다.
"네가 그린 선이 이 벽이 된 거잖아"라는 말 한마디가 "네가 그린 선에 책임감을 가져라"라는 교과서의 말보다 훨씬 와닿는다.

현장은
나의 힘

양평 현장을 가는 또 다른 재미는 역시나 먹거리. 우주의 주인장들은 음식점을 고르는 감각도 대단했기에 오늘은 무슨 맛있는 음식을 먹으려나 하는 기대감이 컸다. 그렇게 건축주가 발굴한 보물 같은 음식점을 하나씩 함께 맛보며 양평에 자리 잡은 그들이 마음 속 깊이 원하는 삶의 정보를 내 위와 장으로 흡수했다. 내 휴대폰 지도 애플리케이션 안에 양평 맛집 북마크가 차곡차곡 쌓이는 것은 또 다른 덤이었고.

이렇게 정이 쌓이다 보니, 현장이 다 완성되어 갈 때는 완공을 앞둔 뿌듯함과 동시에 아쉽고 서운한 감정까지 들 정도였다. 마치 정든 사람과 이별하듯이 말이다. 건축이 이뤄지는 약 6~8개월은 현장이 있는 지역을 주기적으로 오갔다. 간접적으로 그 지역살이를 경험하는 것이나 마찬가지다. 다행히 집이 잘 지어져 오갈 때 찾아갈 수 있고, 우주 덕분에 알게 된 계절별로 드라이브하기 좋은 길이나 철마다 생각나는 음식점이 생겼으니 우주가 있는 양평은 내 마음의 고향 중 하나가 된다. 이렇게 생긴 '구 현장, 현 마음의 고향 중 하나'가 양평뿐만 아니다. 충남 청양에도 있고 판교와 전라남도에도 있으니, 건축가는 꽤 괜찮은 직업이라 생각한다.

우주가 지어지던 해는 코로나19가 전 세계를 덮쳤다. 세상의 시계는 멈췄다. 강의를 나가던 대학교 수업은 모두 비대면으로 바뀌고, 가족 간의 만남조차 금지되는 시기였다. 모두가 고립감과 우울감을 느끼고 있었지만, 현장만은 예외였다.

대학 강의로 설계 수업과 이론 수업을 온라인 공간에서 진행했는데, 사무실에 앉아 화면인 허공을 보면서 나 혼자 서너 시간을 떠들다가 "그럼 다음 시간에 만나자"라고 혼자 웃으면서 말하고 로그아웃으로 수업을 마쳤다. 허무했다. 학생들은 온라인상에만 존재하는 사람이었기에 수업이 잘되고 있는지 아닌지도 알 수 없었다. 자괴감이 들려고 하면 어김없이 현장에서 연락이 온다.

"건축사님, 다음주에 창호 발주 들어가는데 오셔서 디테일

협의하시죠."
"건축사님, 여기 벽체 이거 없애면 안 될까요?"

나의 설계는 컴퓨터 안에만 있는 가상현실의 존재가 아니었다. 내가 그린 선은 그대로 현장에서 만들어지는 중이고, 도면의 그림을 구현하기 위해 노력하는 사람들이 실제로 있다. 마스크와 장갑을 끼고 착착 진행되는 현장은 우울함이나 좌절감을 느낄 새를 주지 않았다. 그리고 그 안에는 마침내 사람이 살 것이다. 정신을 다시 부여잡자. 내가 그린 도면에 책임을 지자. 현장은 나의 힘이다.

건축의 삼위일체
건축주, 건축가, 시공사

건축에는 많은 사람들이 함께한다. 그 중에도 없어서는 안 되는 세 주체는 바로 건축주, 건축가, 시공사다. 이 셋의 역할, 그리고 지켜야 할 영역에 대해 이야기를 하고자 한다.

도면이라는 악보를
연주하는 시공사

건축가가 작곡가이자 지휘자라면 시공사는 연주자다. 도면이라는 악보를 보고 콘크리트와 나무라는 재료의 악기를 통해 공간으로 연주해 낸다. 같은 악보라도 연주자의 솜씨에 따라 음악의 수준이 달라지듯 설계 도면도 그러하다. 모차르트가 작곡한 '반짝반짝 작은별' 변주곡을 나 같은 초보자가 치면 유치원 통학버스의 멜로디 같은 느낌이 되고, 조성진 같은 세계적인 피아니스트가 연주한다면 클래식 명곡으로 완성된다.

도면은 종이 위 선과 숫자 그리고 글씨로 이뤄진다. 그 자체는 무미건조한 형식이지만, 자세히 들여다보면 의도와 풍부한 이야기를 담고 있다. 연주자가 악보를 해석하듯이, 도면도 해석과 이해가 중요하다. 음정 박자를 못 맞추고 악보를 못 읽는 초보 연주자, 자기 감성에 취해서 연주하는 연주자가 있듯이, 시공자 중에도 도면 읽기를 게을리 하거나 도면을 무시하는 시공자가 있다. 좋은 시공자는 건축가의 의도를 또렷하게 해석하며 시공한다. 건축가의 의도 해석이 이뤄진 뒤에는 기술력과 정성으로 완성하는 데 힘을 쏟는다. 연주자가 기교와 감성을 불어넣어 음악을 풍부하게 완성하듯이 말이다.

좋은 시공사는 시쳇말로 '맑눈광'을 지녔다. 설계 도면을 받으면 '해보고 싶다, 욕심이 난다'라는 맑게 빛나는 눈빛을 보인다. 사람이 하는 일이기에 하고 싶다는 마음이 드는 일과 아닌 일은 과정과 결과에 차이가 크다. 건축 도면에 담긴 의도를 잘 읽고, 자기 능력으로 더 멋지게 잘 만들 수 있다는 확신이 드는 사람과 일을 하면 좋은 에너지와 시너지가 발생한다.

피하고 싶은 시공자도 있다. 설계도의 의도를 무시하고 자신의 영역이 아닌 부분에 의견을 보태는 유형이다. 특별한 이유나 상의 없이 벽체나 기둥의 두께를 바꾼다든지, 맥락 없이 유행하는 자재를 권하며 공사비를 올리는 등의 접근을 하는 시공사와의 협업은 끝이 좋지 않다.

신뢰는
어디서 오는가?

우주의 현장을 맡은 박 소장님은 깐깐한 분이시다. 현장에서 처음 소장님을 만났을 때 대뜸 내게 질문을 던졌다. 그 위험하다는 설계 변경이었다.

"도면에 물받이 있던데 빼면 안 돼요?"

물받이는 지붕에서 내려오는 물을 모아서 배수시키는 건축 장치인데 보통 처마 끝에 달아 처마홈통, 빗물홈통이라고도 부른다. 물받이가 없으면 지붕 물이 그대로 바닥에 떨어져 바닥에 물이 튀거나 벽면을 타고 내려와서 벽이 더러워지기 때문에 기본으로 적용하는 건축 디테일이다. 물론 우주에도 경사 지붕의 끝에 설치하도록 설계도에 표현했다.

"왜요? 물받이 없애면 어떻게 하시려고요?"

사실 나는 물받이가 일반적인 물 처리 방식이지만 우주에는 필요가 없다고 생각하고 있었기에 현장 소장의 생각을 듣고 싶었다.

"벽면도 징크던데, 벽이 더러워지진 않아요. 그리고 밑에 배수구 만들어서 자갈로 덮으면 물도 안 튀고요."

다행히 현장 소장과 내 생각이 일치했다. 우주의 집은 검은색 큰 지붕이 김밥의 김처럼 크게 집을 감싸는 모양이라 지붕의 재료가 벽면까지 연결되어 있어 따로 물받이가 없어도 되리라 생각했다. 그럼에도 도면에 넣은 이유는 물받이를 만드는 것이 우리 현장에서는 더 복잡한 과정이기에 일단 도면에 적용한 뒤 공사 중 고민하고 조정하려고 하였다. 비용도 난이도도 어려운 쪽에서 쉬운 쪽으로 변경하면 문제가 되지 않지만, 반대는 무척 어렵고 저항도 생기니 제일 까다로운 기준을 적용했다.

물론, 의견이 늘 일치한 것은 아니었다. 공사가 한창 진행 중이던 어느 날, 박 소장님이 2층 다락의 바닥 높이를 더 낮춰야 한다며 설계에 문제가 있다는 말까지 했다. 그러나 2층 바닥의 구조체와 마감 두께를 줄일 수 없는 상황인데 바닥을 낮추면 1층 천장고가 낮아질 수밖에 없다. 그렇게 되면 1층 천장 높이는 2150밀리미터로 줄어들게 되는데, 이는 주 거주 공간으로는 꽤나 답답한 높이다. 참고로 국내 일반 아파트의 천장고는 보통 2300밀리미터 정도다.
이 외에도 1층과 2층 창문의 위치가 계획과 달리 낮아 보이거나 높아 보일 수 있고, 특히 다락 바닥에 맞춰 시작되도록 만든 두 개의 창문은 평화로운 풍경을 담는 액자로 설계했는데, 바닥 높이를 바꾸면 어정쩡한 턱이 생기는 창이 되고 만다. 계단의 단 수와 단 높이도 이미 정확히 설계되어 있었기 때문에 이렇게 변경이 생기면 오히려 문제가 더 많아질 수 있었다. 나는 그런 점들을 하나씩 차근히 설명했고, 며칠 고민한 끝에 박 소장님은 결국 원안대로 진행하기로 했다.

나중에서야 들은 이야기지만, 소장님이 2층 바닥을 낮추고 싶었던 이유는 목구조에서 사용할 수 있는 최대 부재 길이에 맞춰 한 층을 구성하면 시공이 훨씬 수월하고 하자도 줄일 수 있기 때문이었다. 하자의 위험을 줄이고 시공성이 좋아지면 현장에서 조정하며 할 때도 있지만, 만약 설계상 특별한 문제가 없다면 그건 시공자가 풀어야 할 숙제다. 물론 협의를 통해. 하지만 기본적으로 계획이 충분히 치밀하고 타당하다면 설계안은 지켜져야 한다.

그 뒤로도 견해 차이는 계속 발생했다. 때로는 긴 토론을 벌이거나 옥신각신 실랑이를 했다. 양보와 타협이 오가기도 했고 "여기서만은 물러설 수 없다"며 통보하는 순간들도 있었다. 하지만 그런 날들이 쌓일수록 서로가 '자기 분야에서는 확실히 잘하는 사람'이라는 인식이 생겼고, 그 과정에서 전문성에 대한 신뢰도 깊어졌다. 신뢰란 그냥 생기는 게 아니다. 쟁취하는 것이다.

똘똘이 스머프와 만능이 스머프

"나는 가장 완벽한 설계도를 그려 줄 수 있어. 너는 그걸 만들기만 해."
"나는 뭐든지 만들 수 있어! 그러니 너는 설계도를 내놓으시지!"

어렸을 적에 본 만화영화 〈개구쟁이 스머프〉에 이런 장면이 있었다. 똘똘이 스머프와 만능이 스머프가 티격태격하는 내용이었다. 똘똘이 스머프는 마을에서 이론과 지식이 풍부한 지식인이다. 언제나 책을 끼고 다니며 논리적으로 사고하고, 체계적으로 계획을 세운다. 그는 스머프 마을에서 무엇을, 어떻게, 왜 해야 하는지 고민하는 역할을 한다. 반면 만능이 스머프는 직접 손을 움직여 문제를 해결하는 실천가다. 고장 난 다리를 고치고, 필요한 도구를 만들고, 마을을 유지하는 역할을 맡는다. 똘똘이 스머프가 아이디어를 내면, 그것을 현실에서 구현하는 존재는 바로 만능이 스머프다.

그들의 대화는 마치 건축가와 시공자 대화 같아 흥미로운데 똘똘이 스머프는 건축가고 만능이 스머프는 시공자다. 현실에 다른 점이 있다면, 완벽한 도면이 준비되었더라도 건축가와 시공자는 끝없이 대화하며 도면의 내용을 구현해 나간다는 사실이다.

초반에는 합을 맞추는 데 시간이 꽤 걸렸지만 현장이 진행되면서 말은 줄어들고 신뢰는 쌓여 갔다. 현장 소장이 도면을 철저히 파악한 뒤에 자신의 지식과 기술을 이용해 어떤 방식으로 구현할지 미리 상의했고 더 좋은 아이디어가 많이 나왔기 때문이다. 박 소장님은 말 그대로 만능이 스머프처럼 현장에서 망치를 들고 못질도 하고 대패질도 했다. 사람은 또 얼마나 잘 다루시는지 공사 인부들이 요령을 부리려고 하면 속칭 '쪼아대며' 일을 시켰다. 인부들이 "성격은 더러워도 일은 잘해요"라면서 애정이 어린 칭찬을 했을 정도니 건축주와 건축가가 믿고 현장을 맡겨도 될 만했다. 어릴 적 만화에서 본 똘똘이와 만능이 스머프가 티격태격한 내용은 '심장'을 만드는 방법이었던 것 같다. 우주의 현장 소장 박 소장님 같은 분과 함께라면 완벽한 심장을 내가 그려 주고 그가 만들어 줄 것만 같다.

친구 같은 건축사?
셰르파 같은 건축사!

에베레스트 같은 산을 오를 때 산악인들은 셰르파의 도움을 받는다. 셰르파는 산길을 안내하고, 짐을 날라 주고, 음식을 해 준다. 심지어 위험한 순간에는 목숨을 구해 준다. 먼저 눈길을 헤치고 나가면서 산악인의 안전을 챙긴다. 산행 중에는 육체적 고통도 자주 찾아온다. 그런 와중에도 중간중간 산의 풍경을 감상하고, 쉬기 좋은 포인트를 찾아가고, 기가 막힌 사진도 남길 수 있는 것은 노련한 도우미 덕분이다. 셰르파와 함께라야 정상 도달이라는 목표를 달성할 수 있다.

고산 등반에 셰르파가 있다면 집 짓기에는 건축사가 있다. 복잡한 결정과 지휘의 짐을 대신 지워 주는 건축주의 법적 대리인이다. 건설에는 큰돈이 오고 가고 책임 관계가 복잡하게 엮여 분쟁의 요소가 많다. 곳곳에 도사린 크레바스 같은 수많은 위험 요소에서 크게 다치지 않게 미리 탐지해서 알려 주고, 어려움이 닥치면 건축주를 구해 준다. 그런 험한 환경 속에서도 집 짓기라는 인생의 특별한 여행에서 즐거움과 행복함도 잊지 않고 느낄 수 있게 챙겨 주는 사람이 건축사다.

건축사는 집 짓기의 과정에서 집주인의 이상과 꿈을 나누는 말동무가 되기도 한다. 그러나 그보다 전문적인 정보를 건축주가 이해하도록 번역해 주고 상황을 판단해 주기에 친구보다는 인솔자에 가깝다. 그래서 사람 좋고 감성이 통해서 친구로 사귀고 싶은 건축사도 좋지만, 이끌어 주고 위험에 빠졌을 때 구해 주는 리더 같은 건축사를 선택하는 편이 좋다. 왜냐면 건축사는 건설 행위 전반에서 무엇보다도 건축주의 생명과 재산을 보호하는 사람이기 때문이다. 건축의 과정에서 건축주가 감당할 수 없는 일을 친구나 다른 건축주가 대신할 수는 없다. 오직 건축의 대리인인 건축사만 가능하다. 물론 마음도 잘 통하고 전문성도 갖춘 이를 만나야 한다.

좋은 건축에는 반드시
좋은 건축주가 있다

대학에서 건축학을 전공해서 졸업하는 사람 중에 건축가가 되는 사람의 비율은 10퍼센트도 되지 않는다. 그래서 나는 강의할 때, 모두 건축가가 되리라 생각하지는 않으니 좋은 건축주가 되는 것도 좋은 일이라고 알려 준다. 그러면 학생들 눈빛이 더 초롱초롱해진다. 아마 학생들은 '건축주=건물주'라고 생각한 것 같다. 여하튼 좋은 건축주란 안목과 능력을 두루 갖추어서 필요한 사람을 적재적소에 배치하고 그 일을 잘할 수 있게 물적·심적 자원을 댈 수 있는 사람이다. 좋은 건축주는 건축을 단순한 결과물로 바라보지 않고 '공간을 창조하는 과정'으로서 함께 참여하며 완성되는 것을 알고, 평소에 공간에 관한 관심을 가지고 지식도 쌓으며 잘 만들어진 공간을 가서 둘러보고 느껴보면 좋겠다.

건축물도 상을 받는다. 대한민국 건축문화대상을 비롯해 국내외 건축계에는 매년 열리는 행사가 꽤 있다. 그런데 그 상은 누구에게 줄까? 바로 건축가, 건축주, 시공사 모두에게 동시에 돌아간다. 좋은 건축물은 세 주체가 자기 역할을 충분히 했을 때 가능하다는 뜻이다. 시상식에 건축가가 수상 소감을 말할 때, 공을 건축주에게 돌린다고 할 필요가 없다. 상은 공동 수상이다.

건축의 세 발, 각자의 역할 속 균형 잡기

건축 과정 자체는 건축주, 건축가, 시공사라는 한 팀이 만들어 간다. 비록 계약으로 연결된 관계이지만, 이 세 주체는 각자 고유한 주도권을 가진 채 한 배에 탄다.

앞에서도 이야기했듯 건축주의 '주'는 주체를 의미한다. 건축은 건축주인 의뢰인의 요구로 시작되고 그의 자금으로 완성되는 일이기에 건축주가 모든 일을 결정하고 책임을 지게 된다. 건축주를 소비자 customer라고 부르지 않고 의뢰인 client이라 부르는 이유는 건축이 만들어 둔 상품을 사고파는 행위가 아니라 의뢰를 통해 시작되고 완성되는 공동 작업이기 때문이다.

건축가는 그 과정 전체에서 지식적인 도움을 주는 대리인이다. 의뢰인이 필요로 하는 것을 공간 언어로 번역하며, 관련 법규를 분석하고 적용하여 행정을 집행한다. 또한, 공간 언어를 시공이 가능한 형태로 도면화하고 현장을 관리 감독한다.

시공사는 물리적인 실행의 모든 것을 담당하며 건축을 실제로 만드는 주체다. 건축가의 설계도를 보고 언제, 어디에, 어떤 자재와 사람을 배치할지 판단하고 안전과 품질에 책임을 진다. 하나의 집을 짓기 위해서 적어도 20가지가 넘는 공정을 거쳐야 하고 드나드는 사람만 100명은 족히 넘는다.

물론 작은 집은 혼자 직접 다 지을 수도 있다. 건축주가 설계도 하고 공사도 했다는 집이 미디어에 나온다. 불가능하진 않지만, 쉽지 않은 일이다. 스포츠에 비유하자면 선수가 감독과 매니저 역할을 다 하는 것으로 볼 수 있다. 선수는 가진 기량을 모두 경기에 쏟아 몰입해야 하고, 감독은 전체를 보고 객관화하고 전략을 짜야 한다. 매니저는 경기와 준비에 필요한 행정과 실무를 챙겨야 한다. 본질적으로 각기 역할이 다른데 동시에 하려면 에너지가 분산되고 잘하기 매우 힘들다. 그렇게 혼자 집을 지었다는 사람의 집을 보면 그 열정은 정말 대단하지만, 동시에 전문가의 손을 빌렸다면 더 적은 시행착오로 더 나은 결과를 얻을 수도 있었겠다는 생각이 들기도 한다.

어떤 물체가 안정적으로 서 있기 위한 최소의 조건은 발이 세 개인 삼발이다. 삼발이의 세 발은 서로 일정한 거리를 두고 자신의 포지션을 지키고 있다. 건축주, 건축사, 시공사는 건축의 세 발이다. 서로의 분명한 역할과 책임이 있다. 그중 하나가 역할을 제대로 못 하거나 힘의 균형이 깨지면 불안정해져 버린다. 급기야 자기 역할에서 벗어나거나 거리가 너무 가까워지면 쓰러지고 만다. 한 다리로는 설 수 없고 두 다리는 자빠지기 쉽다. 세 다리가 자신의 영역을 지키고 균형을 잘 잡고 있을 때 누르는 힘에도 견디어 내고 흔들리지 않으며 굳건히 서 있을 수 있다.

건축주 모르게 집에 숨겨둔 건축가의 마음
개성과 보편성을
한 집에 담기

남이 지어서 파는 집에 이사 들어가 사는 것과 내 집을 처음부터 지어서 사는 것은 무엇이 다를까? 단독주택을 지어서 사는 사람이 더 고귀한 인품을 지니거나 물욕이 없어서 자고 나면 뛰는 아파트값에 초월한 사람이라고 말할 순 없다. 자신과 자신의 가족에게 맞는 집이 필요하고, 집을 짓는 과정과 관리의 수고스러움을 뛰어넘는 기쁨을 느낄 수 있는 사람이 단독주택을 짓는 경우가 많다. 그래서 단독주택을 설계할 때는 라이프 스타일과 가족이 좋아하는 것을 공간으로 번역하고 구현해 주려 노력한다. 당연히 건축주는 이를 누릴 자격이 있다.

하지만 평생을 살려고 만든 집이더라도 사정이 생겨 집을 떠나보내야 할 순간이 올 수 있다. 집이 건축주를 닮도록, 그들에게 딱 맞는 공간이 되도록 최선을 다한다. 하지만 집을 설계할 때는 이 집의 주인이 바뀔 수 있다는 사실도 염두에 두어야 한다.

우주는
변신이 가능해

우주에 새 주인이 생긴다면 새로운 요구 사항이 있고 집 구조를 바꾸고 싶을 텐데 어찌할까. 건축가로서 집의 매매 가능성도 생각해서 무난하게 변형할 수 있게 만든 부분이 두어 군데 있다.

우선 열린 다락의 구조를 방으로 만드는 것이다. 동서 방향으로 길이 9미터 너비 4.3미터의 다락방은 중간에 작은 가족실을 두고 동쪽과 서쪽에 각각 하나씩 방으로 변신 가능하다. 이것이 가능한 이유는 다락 중간에서 계단이 시작되고 양쪽 벽면에 창이 있기 때문이다. 공간과 구조는 충분하니 거실 쪽으로 열린 난간 위치에 실내 벽을 추가로 세우면 방이 된다. 여기에서 한 발짝 더 나아가 2층에 화장실을 만들 수도 있다. 그 위치는 바로 테라스다. 테라스 위에 지붕을 만들고, 아래층으로부터 급수를 끌어오고 배수를 연결하면 화장실이 추가된다. 이것도 처음부터 화장실과 테라스 위치를 위아래로 맞춘 이유다. 다만 좀 까다로운 부분이라 솜씨 좋은 시공자와 디테일하게 상의해서 만들어야 하는 작업이다. 하자의 위험도 크기 때문이다.

피아노방은 작은 거실로 만들고 소파와 텔레비전을 넣기에도 적당하다. 그 방에는 텔레비전을 설치할 인터넷 단자와 전기도 들어와 있다. 갤러리는 드레스룸과 팬트리로 나눌 수 있다. 그러면 통과 동선

대신 안방에서 독점하는 옷 수납 공간을 추가로 만들 수도 있다. 집이 목조주택인 점도 공간 변화가 가능하게 만드는 좋은 요소가 된다. 목조주택은 건식 자재로 이루어져서 공간의 해체나 추가가 간소한 편이다.

우주의 집주인들은 집에 방이 몇 개냐는 주변 사람들의 질문이 제일 답하기 어렵다고 했다. 드레스룸이나 갤러리는 방으로 치기엔 모호하고, 2층 멀티룸은 방이라고 하긴 너무 크고 트여 있는 공간이다. 하지만 앞에서 열거한 방법만으로도 크게 힘들이지 않고 방 2개와 작은 거실 하나로 변화하고 화장실까지 추가로 설치할 수 있으니 필요하다면 언제든 바꿀 수 있다. 부동산 시장에서는 침실 수와 화장실 수가 집의 편의성과 상품성을 좌우하는 중요한 요소로 취급된다. 방 5개 화장실 3개가 되면 우주도 상당히 괜찮은 집으로 거래가 가능할 것이다.

우주가 매매가 가능하게 하게 한 부분은, 건축가로 훈련된 설계의 기본을 잘 지켰기 때문이다. 우주의 집주인들도 모르는 잘 팔릴 집 우주, 건축가가 숨겨놓은 치트키다.

그림에서 집으로
집 짓는 과정과
건축주의 역할

집이 지어지는 과정은 신기하다 못해 신비롭다. 설계한 건축가인 나도 그런데 건축주는 오죽할까. 설계안을 도면, 동영상과 이미 그리고 모형으로도 확인했어도 현장에서 보는 맛은 다를 것이다. "아, 이게 이거군요!" 하는 감탄도 있고, 물론 "아, 이게 그 말인 줄 알았으면 다르게 할 것을!" 하고 중간중간 건축가의 입장에서는 가슴이 철렁하는 걱정의 말을 듣기도 한다.

건축주는 현장과 차로 5분 거리의 근처 다세대주택인 빌라에 거주하고 있었기에 아침저녁으로 현장에 들렀다. 반려견과 함께 말 그대로 산책을 나와서 '우리 집'이 되어 가는 과정을 신비롭게 보며, 감리일지도 아닌 감상일지를 단체 채팅방에 남겼다.

"오늘은 거실 쪽에서 석양을 감상했는데, 집이 완성되면 정말

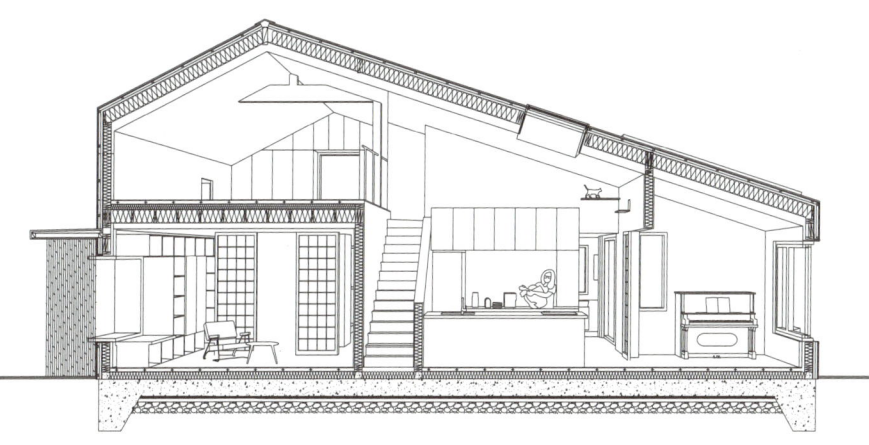

멋질 것 같아요."

풍경뿐 아니라 거기서 느껴지는 바람과 냄새도 흡수하는 메시지를 볼 때마다 나도 뿌듯했다.

현장이 움직이면
건축주는 쉴 수 없다

건축주가 현장에 자주 오가며 늘 챙기니 공사는 잡음 없이 순조롭게 진행되었다. 잔소리나 의심을 하지 않고 어린아이처럼 좋아하고, 시원한 아이스 아메리카노를 사다 나르면서 인부들에게도 정성을 다했기에 현장은 더 매끄러웠다. 커피도 일부러 떨어져 있는 별다방까지 가서 사 오곤 했다. 시공사 사장님은 자꾸 이러면 인부들 버릇 나빠지니 그만하고 캔커피만으로도 괜찮다고 만류할 정도였다. 모르긴 해도, 건축주의 이런 '커피 복지'에 감동한 인부들이 덩달아 마음껏 공을 들였을 것이다. 공사판에 정 붙이기, 어렵지만 가능하다.

현장이 부지런히 돌아갈 때는 건축주 역할이 중요하다. 아무리 설계를 꼼꼼하게 해도 현장에서 결정해야 할 부분이 생긴다. 모두 건축주 숙제다. 마감 디테일이며 조명과 타일 마루, 페인트, 문고리나 경첩 등 상상도 못한 많은 것을 선택하고 발주 금액 승인까지 다 건축주 몫이고 책임이다. 눈에 보이고 피부에 닿는 집에 관한 모든 것들이 건축주의 결정에 따르기 때문에 선택의 괴로움과 상당한 부담감을 느낄 수 있다. 내가 고른 것이 어울릴지, 이게 맞는 선택일지 인터넷 서핑을 하다 정보의 바다에서 파도에 휩쓸려 길을 잃기 십상. 이럴 때 건축가는 기본적인 선택지 제안을 하거나 장단점을 잘 해석해 주며 예산과 디자인에 대한 안내를 해 주는 역할을 한다. 방향성을 찾으면 취향대로 집을 꾸밀 수 있다. 마치 드레스 코드가 정해졌다면 액세서리와 신발, 가방을 매치하며 자신이 좋아하는 것들의 조화로운 조합을 찾아내듯이 말이다. 사실 집의 드레스 코드는 설계할 때부터 이미 정해진 것이나 마찬가지다. 하지만 디자인은 같아도 원단 선택에 따라 광택이나 질감에 따라 느낌이 다르듯이 맞춤옷 같은 맞춤집의 선택지는 상상초월이다.

그렇다 보니 설계 단계보다 오히려 마감재를 고를 때 단체 대화창에서 대화가 더 활발하다. 집이 점점 완성될수록 공간이 구체적으로 보이기 시작하고, 무엇이 어디에 어떻게 어울릴지 이해가 쉬워지기 때문에 "어디서 이런 걸 봤는데 이건 어떠냐"는 식의 의견이 오가며 이야기가 많아진다.

우리는 아예 평일 하루를 비워 함께 서울로 가서 타일과 도기를 고르고, 마루도 직접 정했다. 이런 결정은 건축주가 단독으로 할 수도 있고, 현장에 몇 가지 샘플을 받아 정할 수도 있다. 하지만 나는 가능하면 건축주와 함께 매장을 방문해 직접 고르는 방식을 선호한다. 그래야 다양한 선택지를 빠르게 비교할 수 있고 변경 과정에서 생기는 혼선도 줄일 수 있다. 최신 트렌드를 파악하는 데에도 도움이 된다.

물론 나보다 훨씬 미적 감각이 뛰어나고 관련 경험이 많은 건축주라면 원하는 대로 자유롭게 고르도록 하고, 나는 뒤에서 조용히 조언만 한다. 건축주 중에는 미술을 전공한 분도 있었다.

겉으로는 같아 보여도 비계 안에서 매일 일어나는 변화

비계
터는 날

목조주택은 집의 뼈대인 골조가 빠르게 올라가므로, 전체 규모와 형태가 눈에 보이기 시작하면 누구나 감탄을 터뜨리며 기뻐한다. 그 모습은 마치 선물을 처음 받은 아이처럼 설레고 들뜬다. 하지만 그 기쁨도 잠시, 2층 골조가 올라가고 지붕이 얹히는 시점부터는 상황이 달라진다. 외벽에 임시 구조물을 세우고, 발판을 설치하며, 먼지 차단용 방진망까지 둘러지면 건물 전체가 가려져 공사 진행이 눈에 잘 띄지 않게 된다.

현장에서는 전기 배선, 단열재 시공, 창호 설치 등 다양한 작업이 동시에 이뤄지고 있어 분주하지만 일반인이 보기엔 외형 변화가 거의 없어 지루하게 느껴질 수 있는 시기다. 건축사는 시공팀과 세세한 협의를 이어가고 있지만, 동행한 건축주는 "언제쯤 '저거'를 걷느냐"고 묻는다. 그 말에는 마치 무대 뒤가 궁금해 견디지 못하는 아이 같은 호기심이 담겨 있다. 처음 집을 지어 보는 사람이라면 누구나 그럴 수 있다. 건축의 과정은 생경하고도 경이로운 경험이기 때문이다.

건축주가 말하는 '저거'는 바로 '비계'다. 이는 공사 현장에서 작업자가 높은 곳에서 안전하게 일할 수 있도록 외벽을 따라 임시로 설치하는 구조물이다. 현장에서는 일본어 잔재인 '아시바'라는 용어로 부르기도 한다. 철제 파이프나 목재로 조립해 설치하며, 외벽 공사가 완료될 때까지 유지된다. 비계가 철거되어야 비로소 집의 외관을 제대로 볼 수 있다. 해체 시점은 곧 준공이 가까워졌음을 알리는 신호이기도 하다. 우주도 고대하던 비계를 터는 날이 다가왔다. 그날 단체 대화방의 상황은 이랬다.

"윤 소장님, 저희 집 내일 아시바…… 걷어요."
메시지로도 감성적인 민 님의 성격, 떨림이 느껴졌다.
"내일 오전 반차 내면 될 것 같아요."
두근두근, 하지만 계획적인 성격의 준 님 메시지다.

그리고 마침내 드러낸 외관과 내부를 들어간 건축주 민 님은 감동의 메시지를 보내 왔다.

"소장님 방금 집 보고 왔어요. 감동스러워요. 엉엉.
겉에서 보면 너무 귀엽고 따뜻해 보이는데,
집 안으로 들어가면 포스가 느껴져요. 제가 그동안 인터넷이나 잡지 같은 곳에서 본 집 중에 최고의 집입니다. 감사해요!"

음, 설계의 의도를 정확히 이해하셨군! 겉은 귀엽고 속은 풍부한 공간감으로 반전을 주는 것이 모둠김밥(태명)의 설계 의도였다.

사진 찍는 날
진짜 이야기가
시작되는 순간

우주의 준공 사진을 찍는 날이었다. 집이 나의 손을 떠나 건축주에게 넘겨주는 날이니, 정성껏 키운 자식 출가시키는 느낌이었다. 구석구석 내가 만들고 내 손으로 키웠으나, 건축주와 함께 살기 위해 시작된 운명이었으니 이제 마지막 기념 촬영을 하고 손을 놓아준다.

결혼식 같은
축제의 날

준공 사진 촬영장 분위기는 결혼식과 비슷하다. 우주 만들기에 함께한 사무실 스태프도 와서 파티 분위기를 즐긴다. 설계에 참여했던 사람이라면 사무소를 떠났어도 촬영을 핑계 삼아 초대한다. 덕분에 잠깐 모형만 만들었던 인턴일지라도 자기와 인연을 맺은 공간을 보고 감상도 나눈다. 마치 우주의 일가친척을 다 모시는 기분으로 말이다. 새 신부처럼 말끔한 우주와 함께 하루 온전히 시간을 보내며 행복한 표정을 곳곳을 담으니 잔칫날이 맞다. 시공 중에는 항상 복작복작하고 먼지가 가득하고 소란이 끊이지 않았으나 이날만큼은 다르다. 말갛게 씻은 우주는 처음 보는 깨끗한 모습이다.

지금까지는 먼지 날리는 현장이었다면 이날부터는 사람이 살 보금자리가 된다. 불을 켜고 공간에 빛이 채워지면 온기가 돌고 공간의 표정이 드러난다. 사진은 빛으로 빚는 순간의 예술이기에 새벽부터 밤늦게까지 시각마다 다른 빛의 느낌을 담는다. 그렇게 온종일 우주 안에 머물다 보면, 나태주 시인의 시가 그렇게 마음에 와 닿을 수가 없다.

오래 보아야 예쁘다
너도 그렇다
-나태주, '풀꽃'

우주의 여기저기 아름답고 예쁜 곳들이 구석구석 눈에 들어오니 사진가에게 이런저런 곳을 찍어 달라는 주문을 계속하게 된다. 이 부분을 이런 앵글로 좀 담아 주세요. 이런 빛을 받으니 진짜 좋네요. 마치, 신부의 친구가 웨딩 촬영장에서 이렇게 말하듯이.

"작가님, 이 친구는 왼쪽이 더 예뻐요. 미디엄 샷으로 왼쪽 콧날이 살짝 위에서 보는 각도로 담아 주세요.

부드러움이 충만한 빛에 신부가 돋보이게요!"

물론 위에 말은 과장이 아주 많이 섞인 주문이다. 실제로 촬영장에서는 사진가와 집이 주인공이고, 나는 보조일 뿐이다. 내가 도와 드리는 일은 건축가의 설계 의도를 공간으로 설명하는 것뿐이다. 설계할 때 만든 컴퓨터 그래픽 이미지나 모형으로 잡은 각도 같은 것을 간간이 꺼내어 우주의 설계 이야기를 전하면, 사진가는 한 컷의 작품을 만들어 낸다.

> 작품은 남고
> 사람은 살고

사진가는 설계의 '작업'을 '작품'으로 건너가게 하는 또 다른 영역의 창조자다. 그래서 나는 언제나 사진가를 전적으로 믿는다. 우주를 촬영한 이원석 작가와는 특별한 인연이 있다. 나의 첫 주택 '온당' 촬영을 함께한 이후 거의 모든 작업에 동행해 온, 말 그대로 오래된 동반자다. 단순히 함께 기록하는 차원을 넘어 그는 내 작업을 가장 가까이에서 지켜보며 때로는 어느 비평가보다 더 깊은 이해와 공감을 건네주는 존재다. 그래서 촬영 현장에 설 때마다, 그가 발견해 낼 새로운 시선이 늘 기다려진다.

사진 속 집은 멋지고 이상적인 모습이다. 하지만 입주 후 사람이 살게 되면 사진의 완벽한 장면을 계속 유지하기 어렵다. 세간이 들어오고, 살림을 시작하면 어수선하기 마련이니까. 매일 완벽한 세팅으로 청소를 하고 사는 사람이 있을까? 설거지거리도 쌓여 있고, 빨래가 널려 있어도 흉하지 않고 오히려 편안하며 정이 가는 모습이 사람 사는 집의 모습이라 생각한다.

누그러진 몸과 마음으로 쉬는 게 집이다. 결혼해서 살집이 좀 붙고, 후줄근한 차림으로 있어도 편안하고 행복한 것처럼 말이다. 그러다 문득 거실 복도의 큰 벽에 자리 잡은 웨딩 사진을 보며 "우리에게 이렇게 완벽한 시기가 있었어. 살 좀 빼고 꾸미면 바로 금방 저렇게 될 수 있어"라면서 웃는다. 정교하게 잘 설계된 집에는 삶을 풀어놓아도 짜증 나지 않고, 고생해서 치우고 꾸미지 않아도 향유하고 즐길 수 있는 공간들이 곳곳에 있을 것이다. 나는 그런 평범한 시간에도 건축주가 행복하길 바란다.

완공된 집의 사진이 담기고 이야기가 소개된 잡지를 건축주에게 주는 것이 설계를 의뢰받은 건축가가 해 줄 수 있는 가장 큰 선물이다. '사랑해요. 감사해요. 우주만큼'이라고 쓰여 있지는 않지만 '설계 적정건축 윤주연, 사진 이원석, 현장 소장 박영민, 건축주 이승준·김민정'이라는 설계 개요의 엔딩 크레딧이 그 말을 대신한다.

건축주를 위한 건축가의 조언
처음 집을 짓는 사람에게
필요한 마음가짐

4

1. 건축가와의 소통은 '정답'이 아니라 '경험'을 공유하는 과정이다.
내가 원하는 것을 정확히 말하기 어렵더라도, 머릿속에 그려지는 장면이나 예전에 좋았던 공간의 기억을 나누는 것만으로도 충분하다. 감정, 경험, 분위기를 중심으로 대화하는 것이 구체적인 설계로 이어지는 첫걸음이다.

2. 모든 것을 한 번에 결정하려 하지 않아도 된다.
설계는 하나의 큰 결정을 단번에 내리는 과정이 아니라, 수많은 작은 선택을 하나하나 쌓아가는 과정이다. 단계마다 충분한 설명을 듣고, 생각할 시간을 갖고, 다음으로 넘어가는 리듬이 중요하다.

3. 좋은 집은 '좋은 질문'에서 시작된다.
"무엇이 필요하냐"는 질문을 "어떻게 살고 싶은가"로 연결시키면 좋은 집의 방향이 나온다. 건축가가 던지는 질문에 대해 정답을 찾으려 하기보다, 스스로를 돌아보며 삶의 방식을 되짚어보는 기회로 삼는 편이 좋다.

4. 모든 의견은 설계의 재료가 된다.
불편했던 점, 갖고 싶은 것, 망설여지는 부분까지도 모두 말해 보라. 명확하지 않아도 괜찮다. 건축가는 이 다양한 이야기 속에서 단서를 발견하고, 그것을 공간으로 번역하는 사람이다.

5. 서로의 언어를 맞춰가는 시간도 설계의 일부다.
건축주는 일상의 언어로, 건축가는 도면과 단어로 소통한다. 처음엔 낯설겠지만, 서로의 언어를 이해하려는 과정 자체가 협업의 핵심이다. 이미지, 스케치, 간단한 도면 등을 통해 의견을 구체화하며 점점 더 정교한 대화를 나눌 수 있다.

에필로그

건축가를 만날 때, 인생 황금기에 선 건축주

우연히 친한 지인의 집을 설계하면서부터 '적정건축'이라는 이름을 떠올리기까지, 꽤 오랜 시간 고민이 이어졌다. 그전까지 나는 건축가는 늘 더 세련되고, 더 유명하고, 최고로 좋은 건축을 추구해야 한다고 믿어 왔다. 하지만 친구의 집을 짓는 경험을 통해 깨달았다. 더 좋은 건축보다 더 적합한 건축이 내가 진심으로 하고 싶어 하는 건축이라는 사실을 말이다. 그 가치를 담아낼 수 있는 언어를 고민하던 중 과학 분야의 '적정기술 Appropriate Technology'과 의료 분야의 '적정의료 Proper Medical care'라는 개념이 떠올랐고, 그 철학을 건축 설계에도 담고 싶다는 바람이 생겼다.

이런 생각에서 탄생한 '적정건축 Office for Appropriate Architecture'이라는 이름은 단지 사무소를 대표하는 명칭에 그치지 않는다. '명품'과 '저가'

로 양분된 건축계에서 '적정건축'이 하나의 보통명사처럼 자주 오르내리는 개념이기를 나는 바란다. 여기서 적정適正은 '알맞고 바르다'라는 사전적 의미를 넘어선다. '이만하면 됐다' 싶은 적당한 타협점을 찾는 데 그치지 않고, 뺄 것도 더할 것도 더 이상 없는 상태가 내가 생각하는 건축의 적정함이다.

건축 안에는 많은 요소가 있다. 멋진 디자인뿐만 아니라 그것을 구현하는 기술, 사람의 힘을 통해 만들어 내는 시공 과정이 필요하다. 모든 것은 비용과 시간으로 연결되고 그 상위에는 지역과 사회를 연결하는 법이 지배하고 있으며, 건축 행위의 전 과정의 저변에는 어떻게 살고 싶다는 사람의 욕망이 있다. 디자인, 시공, 기술, 비용, 법 그리고 욕망. 이 가운데 일부분만 도드라지면 불균형이 발생한다. 멋지지만 살기 불편한 집을 짓거나, 혹은 싸게 빨리 지었으나 비 새고 춥고 사생활이 보호받지 못하는 기본이 무너진 집이 된다. 적정건축은 그 많은 요소 가운데 적절하고 적합한 균형점을 만드는 건축이다. 중요한 점은 공간을 실제로 사용하는 건축주의 생각에서 시작해 건축가라는 전문가의 손길을 거쳐서 만들어 간다는 마음가짐이다.

건축가의 길은 결코 쉽지 않다. 건축가는 다소 복잡한 위치에 있다. 현장에서 먼지를 뒤집어쓰며 감리를 돌고, 예산과 일정 사이를 조율하며, 눈에 보이지 않는 균형을 찾아가는 사람이다. 종종 스스로의 선택을 되묻기도 한다. 건축가는 늘 고민한다.

'이들에게 정말 잘 맞는 집을 만들기 위해 무엇을 해야 할까?'

건축가의 가장 큰 보람은 자신이 가진 재능과 경험으로 누군가의 삶을 더 건강하고 풍요롭게 만드는 데 있다. 건축은 단지 공간을 짓는 일이 아니다. 그 안에 살아갈 일상, 감정, 관계, 삶의 방향을 디자인하는 일이다. 따뜻함, 안정감, 편안함. 그것이 때로는 한 사람의 인생을 바꾸기도 한다.

머리를 싸매고, 땀을 흘려가며 완성한 집을 바라볼 때, 온 세상을 가진 듯한 기분이 든다. 그것은 건축이 사람의 손으로 만들어지는 가장 크고 오래 남는 작업이라서가 아니다. 그 공간에 머무는 사람과 동물이 건강해지고, 활기를 되찾고, 표정이 밝아지는 모습을 보게 되기 때문이다.

"집이 제일 좋아요."
"이 집에 오고 나서 잠을 잘 자요."

이런 말을 들을 때면 '그래, 이 맛에 건축을 하지'라는 생각이 든다. 마치 중환자실 환자가 퇴원 후 외래에 와서 "선생님 덕분에 건강을 되찾았어요"라고 말해 주는 것만큼이나 벅차고 귀하다. 건축이 사람에게 줄 수 있는 긍정적인 영향은 생각보다 훨씬 크고 깊다.

건축주가 건축가를 만나는 시점은 흔히 인생의 황금기라고 한다. 단순히 큰돈이 드는 일이기 때문만은 아니다. 집을 짓는다는 건, 그만큼 자신의 미래를 주도적으로 그려볼 수 있는 시기이기 때문이다. 인생의 가장 좋은 시기, 새로운 단계를 준비하는 순간. 그 설렘과 기대를 담아 집을 짓겠다는 결심을 하는 때야말로 인생의 황금기라 할 수 있다. 의사는 아플 때, 변호사는 법적 문제가 생겼을 때 만나지만, 건축가는 누군가가 '이제 내 집을 짓자'라고 마음먹었을 때 함께한다. 한 사람의 꿈이 가장 반짝이는 순간에 동행하는 것, 그것이야말로 건축가라는 직업이 주는 가장 큰 영광이다.

프롤로그에서 밝혔듯, 이 책은 '우주'의 건축주이자, 앞으로 언젠가 집을 짓게 될 예비 건축주에게 보내는 편지다. 이 편지에는 건축가가 함께 꿈꾸고, 함께 현실을 만들어 가는 마음이 담겨 있다. 어려움과 갈등조차도 설렘의 일부로 느껴지기를 바라며, 나는 이 편지를 '연애편지'라 불렀다. 바로 독자들도 편지의 수신자다.

우리는 모두 더 나은 삶을 그려볼 수 있는 사람이다. 아직 펼쳐지지 않은 인생의 황금기를 향해 나아가는 사람이다. 그런 의미에서, 우리는 모두 미래의 예비 건축주다. 지금 집을 짓고 있든, 언젠가 짓든, 삶을 설계해 나가는 당신의 여정에 이 책이 작은 이정표이자 따뜻한 길잡이가 되기를 진심으로 바란다.

당장 집을 지을 계획이 없어도 괜찮다. 지금 살고 있는 집을 천천히 살펴보고, 가족과 대화하며, 작은 불편을 발견하고, 더 나은 가능성을 상상해 보는 것. 그 사소한 관심이 변화를 만드는 출발점이 될 수 있다. 그리고 그 변화는, 어느 날 '진짜로' 집을 짓는 결심으로 이어질지도 모른다.

어떤 삶을 살고 싶은가?

그 삶은 어떤 집에 담아야 할까?

우주를 짓다
건축가와 건축주가 함께 쌓아올린 삶과 공간의 드라마

© 윤주연, 2025

펴낸날	1판 1쇄 2025년 9월 30일
지은이	윤주연
펴낸이	윤미경
펴낸곳	헤이북스
출판등록	제2014-000031호
주소	경기도 성남시 분당구 황새울로 234, 607호
전화	031-603-6166
팩스	031-624-4284
이메일	heybooksblog@naver.com
책임편집	장혜원
디자인	류지혜
찍은곳	한영문화사
사진	이원석
자료 제공	김민정, 박영민, 윤주연, 이다교, 이승준
ISBN	979-11-88366-96-5 03540

이 책은 저작권법에 따라 보호받는 저작물이므로 무단 전재와 복제를 금합니다.
이 책의 일부 또는 전부를 이용하려면 저작권자와 헤이북스의 동의를 받아야 합니다.
책값은 뒤표지에 적혀 있습니다. 잘못된 책은 구입하신 곳에서 바꾸어 드립니다.